AF288075

Gefahr erkannt = Gefahr gebannt

Wie ich es im Leben zu etwas bringe!

Jürgen Klaus Blank

Bibliografische Information der Deutschen Nationalbibliothek: Die Deutsche Nationalbibliothek verzeichnet diese Publikation in der Deutschen Nationalbibliografie; detaillierte bibliografische Daten sind im Internet über dnb.dnb.de abrufbar.

Verlag: BoD · Books on Demand GmbH, In de Tarpen 42, 22848 Norderstedt, bod@bod.de
Druck: Libri Plureos GmbH, Friedensallee 273, 22763 Hamburg

ISBN: 978-3-7693-5810-0

Gefahr erkannt = Gefahr gebannt

Wie ich es im Leben zu etwas bringe!

Teil 3

Das Vorwort zum Buch, wie ich es im Leben zu etwas bringe, Teil 3!

Bezugspersonen sind sehr wichtige Menschen im Leben eines nervenkranken Menschen Wir alle brauchen solche um wieder gesund zu werden, wenn wir einmal nervlich krank geworden sind, das ist für unsere kranke Psyche sehr wichtig. Ohne Bezugspersonen schaffen wir es nicht wieder gesund zu werden.

Die wichtigste Bezugsperson für nervenkranke Menschen ist der behandelnde Arzt, des Patienten. Mit dem Arzt zusammen muß sich der Kranke klar werden, was in Zukunft geschehen muß. Nur durch das Zusammenarbeiten mit dem Doktor kann er wieder gesund werden. Wichtig bei der Behandlung des Patienten sind Medikamente und Therapien.

Im Krankenhaus sind neben den Ärzten auch Krankenpfleger und Beschäftigungstherapeuten. Auch Musiktherapeuten und Kunsttherapeuten spielen im Krankenhaus eine wichtige Rolle. Der Heimaturlaub und der stationäre Ausgang sind wichtige Elemente einer stationären Behandlung. Ein nervenkranker Mensch muß immerhin ab und zu psychiatrisch behandelt werden.

Wer Verwandte hat, kann sich freuen, wenn der Kontakt nicht abreist und diese sich um den kranken Menschen kümmern. So kann eine Verwandter für den Patienten wichtige Aufgaben übernehmen. Zu dem Angehörigen gehören immerhin Vater und Mutter, die Ihrem Kind so viel Liebe geben können, wie sonst kaum ein Mensch im Leben eines Patienten. Zu den verwandschaftlichen Bezugspersonen gehören auch immerhin die Großeltern, die Schwiegereltern, die Geschwister, die Onkel und Tanten, Cousan und Cousine, und die eigenen Kinder!

Freunde sind wie eine zweite Familie im Leben eines Menschen. Auf sie kann er sich verlassen, wenn er einmal nervenkrank wird. Bitte seien Sie für jede Form der Hilfe sehr dankbar, damit die Freundschaft nicht abreist. Jeder Freund, der Ihnen hilft ist Goldeswert! Sie können eine solche Freundschaft nicht mit allem Gold der Welt aufwiegen, so wertvoll kann eine Freundschaft sein, das vergessen Sie bitte niemals.

Wer eine Arbeit hat, der hat meistens Arbeitskollegen, die sind für einen Arbeitsalltag sehr wichtig. Wenn ein gutes Betriebsklima vorherrscht, ist das gut für eine kranke Psyche!

Wer auf einer Schule ist, der hat meistens einen Lehrer, die sind bei der Vermittlung von Wissen sehr wichtig. Man kann Ihn fragen, wenn man was nicht weiß, oder man etwas wissen will, nur so können Menschen etwas lernen. Wichtig ist auch das richtige Lernthempo, das Menschen haben, man darf nie zu langsam lernen oder zu schnell, die goldene Mitte ist für das Merken sehr wichtig. Wer keine Lust hat etwas zu lernen, der ist vermutlich nervenkrank und sollte zum Arzt gehen und sich behandeln lassen.

Bestimmt gibt es Menschen, die in den sicheren Hafen der Ehe einfahren. Eine Ehe ist dazu da, dass man gemeinsam alt wird, gemeinsam ein Leben teilt und gemeinsam etwas wichtiges tut. Man teilt nicht nur das Ehebett miteinander, sondern auch das ganze zukünftige Leben der Ehepartner. Wichtig in der Ehe ist viel Geborgenheit und eine gerechte Arbeitsteilung. Nur so kann eine Ehe gelingen.

Klassenkameraden sind oft nur Freunde auf Zeit, manchmal auch ein ganzes Leben lang. Wir Klassenkameraden tun gut daran, gemeinsam etwas zu lernen, um unser Studienziel zu erreichen. Je mehr wir gemeinsam lernen können, desto besser ist es. Die Klassenkameradschaften in der Schule sind die ersten Schritte um erwachsen zu werden, wenn wir dann mal einen Beruf erlernen wollen. Dazu braucht man auch ein Auto, wenn man erwachsen ist.

Oft gehen wir in einen Verein, der kann natürlich helfen seine Freizeit zu gestalten, so kann es ein Musikverein sein, indem wir uns wohlfühlen, oder ein Theater, ein Tanzverein oder eine Kampfsportgruppe, immerhin können wir dort auftanken von den Strapazen des Alltags.

Wichtig im Leben eines nervenkranken Menschen Sind auch Sexualpartner, das fängt nicht erst in der Jugend an, sondern schon in frühester Kindheit. Bereits vierjährige Kinder sammeln sexuelle

Erfahrungen. Lassen Sie sich nicht zur Abtreibung nötigen, wenn ein Baby unterwegs ist, denn Kinder sind ein Geschenk Gottes!

Wer mit einem Zimmerkollegen zusammen ist, der hat auch da eine wichtige Freundschaft, denn es kann vorkommen in einem Heim, einem Krankenhaus, einem Gefängnis oder beim Militär, dass man einen Zimmerkollegen hat, die sollten aufeinander aufpassen. Das wäre sehr wichtig.

Wer in einer christlichen oder religiösen Gemeinschaft ist, der kann sich um seine Glaubensgeschwister kümmern. Wir sollten allen Menschen gutes tun, vor allem unseres Glaubens Hausgenossen! Oft gibt es dort Pastoren, die sich um Dich kümmern können. Bitte lassen Sie sich dort helfen, dann können Sie wieder gesund werden!

Wichtig in Ihrem Leben sind auch Vorbilder, die Sie haben, dann kann Ihnen geholfen werden, denn ein Vorbild ist ein Mensch der im Leben etwas erreicht hat, das Sie auch gerne erreicht hätten. Nur so können Sie es im Leben zu etwas bringen, bitte vergessen Sie das niemals in Ihrem Leben. Darum seien auch Sie ein Vorbild!

Des weiteren gibts auch politische Parteien, denen Sie angehörig sein könnten, wenn Sie es wollten. Bitte scheuen Sie nicht ein politisches Amt zu übernehmen, wenn Sie es könnten. Angagieren Sie sich dort, genauso wie in anderen Gruppierungen, denen Sie angehören könnten, wie zum Beispiel einem Motorradverein, könnten Sie doch dort einen Vorsitz übernehmen! Oder einer gemeinützigen

Organisation, die auf Spendenbassis arbeiten könnten. Übernehmen Sie dort eine Aufgabe, die Verantwortung wird Ihnen dabei gut tun! Wer ein solches Amt übernimmt und Verantwortung trägt, der kann wieder gesund werden, wenn er nervenkrank geworden ist oder werden könnte.

Suchen Sie Mitstreiter, in Ihrem Leben, auch auf Beerdigungen, Krankenhausaufenthalten, Schulbesuchen, Demostrationen, dort gibt es immer mitbetroffene Menschen. Nützen Sie die Gunst der Stunde und werden Sie dort aktiv, dann kann Ihnen geholfen werden!

Kapitel Eins: Was sind natürliche Heilungen und warum sind sie so wichtig?

Jeder Mensch vergisst Dinge, die er nicht mehr braucht sehr schnell, und kann sich oft nur lückenhaft daran erinnern, aber es kann sein, daß der Mensch diese vergessenen Dinge wieder Mal braucht ! Dann wäre es gut, wenn man sich auf das Vergessenen wieder zurück besinnt. Frei nach dem Motto, alte Liebe rostet nicht, denn das wird Ihrer Seele gut tun.

Seien Sie sich im Klaren darüber, es gibt Dinge, die falsch sind und die man nicht tun sollte. Sie würden damit nur in der Psychiatrie landen. Ziehen Sie folgende Handlungen zurück, bevor Sie diese tun, dazu gehören Mordabsichten, selbst - und fremdgefährdete Handlungen. Ein nervenkranker Mensch, egal ob erwachsen oder Kind, der das versäumt, falsche Handlungen zurück zu nehmen, landet damit in der Klapsmühle, denn verkehrte Handlungen zurück zu nehmen ist entscheidend dafür ob der Patient gesund wird, bleibt oder gesund war.

Für einen gesunden Menschenverstand braucht man natürlich auch Gehirnjogging. Auch gut sind Rollenspiele für die Patienten. Ganz wichtig ist es für die Leute, wenn man zum Frühstück, eine Stunde liest, oder ein Bild malt, wem das nicht zusagt, der kann auch etwas schreiben. Am Abend kann man nach dem Feierabend eine Tasse Tee trinken, und nach einer Aussprache kann man auch gutes kognitives Training machen!

Gut für die kranke Seele ist auch wenn man Sex hat, darum kann sich jeder Mensch freuen, wenn man jemanden hat, mit dem man Geschlechtsverkehr haben kann. Sex hilft nervenkranken Menschen wiederum gesund zu werden, wenn das jemand nicht will, der tut sich hart im Leben. Natürlich darf man niemanden zum Sex zwingen, er sollte immer freiwillig sein, auch wenn jemand meint dafür nicht Reif zu sein. Lassen Sie diesen Menschen in seinem Dornröschen - Schlaf, sonst machen Sie alles noch viel schlimmer, als es ist, denn es ist nicht gut, wenn sich andere Menschen in diesen verlieben, denn es bereitet Ihnen nur Liebeskummer, weil der Nachzügler nicht bereit ist für eine sexuelle Beziehung! Bitte klären Sie vor dem Sex, was Sie mit kleinen Babys machen, denn Babys sind heilsam für die kranke Seele eines Menschen, man kann sie leicht drücken und streicheln, an die Brust anlegen und Warmhalten, nicht zu vergessen, wenn man das Baby badet oder wickelt. Wenn nun jemand Vater oder Mutter wird, der hat eine große Aufgabe, die ihn psychisch gesund erhalten kann und wird, aber bitte entscheiden Sie selber was Sie wollen, nur so können Sie gewinnen, wenn sie gesund werden wollen?

Jeder Mensch braucht in seinem Leben auf Erden unbedingt eines: ERHOLUNG! Wenn sich Menschen wiederum erholen, dann sind Sie und bleiben Sie gesund, daher .gibt es verschiedene Erholungen. Wichtig ist ein Mittagsschlaf, oder der Nachtschlaf eines Patienten, wer keinen mehr hat, der muss in die Psychiatrie und dort behandelt werden. Auch Urlaub und Ausflüge sind okay, wenn der Mensch Erholung braucht, nicht zu vergessen, die Kreativität, sie kann einen

Menschen wiederum erholen von dem Alltagsstress, den wir alle haben, und wer will, der kann auch fernsehen oder etwas unternehmen, oder musizieren, nicht zu vergessen, baden, saunieren oder Sonnenbaden und spazieren gehen!

Erfolgsamkeit kann für kranke Personen heilsam sein, denn das gibt den Menschen ihr Selbstvertrauen, das wir alle zusammen brauchen, ohne dieses schauen wir alle zusammen Alt aus. Erfolgreich sein heißt auch fleißig sein und sich Mühe geben, vor allem dann nichts böses tun, und ehrlich sein, bedarf des Kranken Heilung.

Schreiben Sie ein Tagebuch und schreiben Sie auf, was Sie bewegt, nur so können Sie gesund werden, bitte vergessen Sie das nicht und notieren Sie, wovor Sie Angst haben, wer Ihre Freunde oder etwa Feinde sind, was Ihnen Spass macht, aber bitte loben Sie sich und schimpfen Sie sich nicht, um wieder gesund zu werden! Ich bitte Sie, lesen Sie Ihr Tagebuch bei Kummer und Sorgen, verstehen Sie wie wichtig das für Ihre Gesundheit ist!

Wenn man sich verändert, kann man davon gesund werden oder krank werden. Man kann auch krank werden, wenn man dann nicht akzeptiert wird oder man kann auch gesund werden, wenn man bei einer Veränderung akzeptiert wird! Bitte vergessen Sie das nicht!

Wichtig für eine natürliche Heilung ist auch, dass man die richtige Meinung hat, vor allem auch dann, wenn man auf seiner Meinung bestehen muß. Nur durch eine eigene Meinung kommt eine Heilung zustande, bitte vergessen Sie das nicht! Ohne eine eigene Meinung werden Sie nur nervenkrank, und können nicht, gesund werden, das heißt, Sie müssen Ihre Meinung in die Tat umsetzen, darum werden Sie aktiv, zeigen Sie Ihren Einsatz. Ihr Ego wird gefragt, und seien Sie selber Ihres Glückes Schmied!

Glücklich ist derjenige, der ein freier Mensch ist, er kann hingehen, wo er will, er kann tun und lassen was er will, er kann sich beschäftigen womit er will. Darum trachten Sie immer nach Freiheit, das wird Ihnen gut tun, und wenn Sie mal gefangen sind, denken Sie daran, dass Sie im Geiste frei sind, so wie es im Lied heißt, die Gedanken sind frei, es steht im Bettelmusikanten, dort können Sie nachschauen, wenn Sie wollen und mitsingen! Denken Sie viel, wenn Sie mal in Gefangenschaft sind, und vor allem an schöne Dinge, das wird Ihnen gut tun! Vergessen Sie nicht, so lange der Mensch lebt, ist der Geist frei und Ihre Seele ist dann unsterblich!

Üben Sie sich in Geduld und werden Sie frei von Unruhe und Depressionen, selbstzerstörerischen Ängsten, von Hass und Zorn, und verzeihen Sie Ihren Mitmenschen und werden Sie nur dadurch geduldig, immer mehr Liebe muss aus Ihrer Geduld erwachsen, können Sie das verstehen?

Selig ist der selbständige, denn er braucht nur selten Hilfe! Bitte helfen Sie anderen Menschen, die , nicht so selbstständig sind, und Hilfe brauchen, damit Sie gesund werden können, wenn Sie mal nervenkrank geworden sind, denn wer hilft, dem wird auch geholfen, wenn er mal nervenkrank geworden ist!

Jeder Mensch hat seine Bedürfnisse, die er in seinem Leben befriedigen muß. Zu diesen Bedürfnissen gehören unter anderem das Essen und das Trinken, der menschliche Schlaf und der Tagesablauf, die Freizeitbeschäftigung, die körperliche und geistige Arbeit, das Lernen in der Schule und die sexuelle Befriedigung des Menschen, die Genesung von einer Krankheit, eine Aussprache nach einem Streit, die Suche und der Besitz von irgendwelchen Dingen, die Pflege von materiellen Dingen, das älter werden und die Erinnerungen an vergangene Zeiten, das träumen von der Jugend, das Sterben des Menschen, das sind alles Bedürfnisse des Menschen, die er immer wieder braucht um glücklich zu sein, ohne diese gibt es kein menschliches Glück, sondern nur Zwietracht, und Hader, Neid, Hass und Narzismus, Boshaftigkeit, Scheinheiligkeit, und Rassismus, Krieg und Zerstörungen, und Aggressionen!

Das Lesen und Schreiben bildet den Menschen wiederum ungemein, genauso das Malen von Bildern, und ein kleiner Tipp für sie: Malen Sie, schreiben Sie oder lesen Sie jeden Tag die selbe Zeit, zwischen einer viertelten und ganzen Stunde. Bestimmt wird es Ihnen gut tun, wenn Sie das alles einhalten können, falls es Ihnen schlecht geht, Malen, Schreiben und Lesen Sie jeweils einmal fünf Minuten, das stärkt ihrer Genesung. Sie können es mit musizieren, und tanzen probieren, und dazu normalerweise Sport treiben, und wer es will, der kann es auch mit Essen, Mittagschlaf und Saunieren probieren, nur dann kann uns Gott auch helfen, wenn wir immer diese gleiche Zeit brauchen, das dürfen wir dann wirklich alles gleich tun.

Kreativität ist für uns sterbliche Mensch wichtig, sonst würden wir alle verkümmern und an Langeweile sterben...

Wenn Menschen keine natürlichen Heilungen ertragen können, sterben sie innerlich jeden Tag ein Stück für ein Stück, und kommen nicht zu mehr zusammen, viele vertragen sich dann beide gegenseitig nicht mehr! So bleiben wir allerdings nicht immer mehr unverträglich, wenn es Heilungen gibt!

Macht Euch frei von menschlichen Aggressionen, werdet sanftmütig, denn dann ist Euch das Himmelreich sicher, denn für was macht Ihr das alles auf Erden! Denkt an Eure Kinder, und verbaut nicht Eure Zukunft!

Wer schwächere Menschen beschützt , der tut damit was Gutes, so denkt der Mensch, immer und erfüllt damit Gottes Willen, hoffentlich zieht das dann weite Kreise, damit immer mehr Schutz erfüllt werden kann, auch wir benötigen dann noch Schutz, können wir den einmal erfüllen!

Jeder Mensch hat seine Grenzen und wer diese nicht mehr kennt, der ist aller Wahrscheinlichkeit nach Paranoid, und gehört nervenärztlich behandelt, nur so kann man diesem Menschen wiederum gerne helfen, oder alles wird schlimmer.

Kümmert Euch um kranke, leidende und hungernde oder sterbende Menschen, die Eure Hilfe brauchen. Wer tatenlos vorbei zieht, wenn Menschen so leiden müssen, der kann Unmöglich in den Himmel kommen!

Bestimmt wisst Ihr noch mehr als ich , was für Euch heilsam ist, und denkt darüber nach! Vergesst bitte es nicht, das in der Öffentlichkeit umzusetzen, das wäre sehr grausam an Euch selber, wenn ihr es nicht auch so tätet!

Es ist Tatsache, daß wir alle einmal sterben müssen, das kann sanft oder schmerzhaft sein und es kann bald sein oder später, und wir können bis auf wenige Ausnahmen nicht mehr zurück! Diese Ausnahmen sind Leute mit Nahtodeserlebnisen, welche dem Opfer ein neues und intensiveres Leben ermöglicht! Nur wenn wir lernen unsere eigenen Tod und den Tod anderer Geschöpfe zu ertragen können wir wieder gesund werden, wenn wir einmal nervenkrank geworden sind, das muss allen Menschen klar sein!

Wer zur rechten Zeit spart, der hat genug Geld, wenn er mal in der Not ist, darum spart, solange es möglich ist, denn wenn Ihr mal blank seid, Ist es zu spät zum Sparen!

Verantwortung ist sehr wichtig für natürliche Heilungen, das heißt, wer Verantwortung trägt , der bringt es im Leben zu etwas! Ohne diese ist es nicht möglich, wieder gesund zu werden oder zu sein, wenn man nervenkrank ist. Bitte wissen Sie das zu schätzen, wenn Sie Verantwortung übernehmen!

Ehrlich sein, das währt am Längsten, vergessen Sie das niemals in Ihrem Leben, und lügen Sie nur, wenn es sonst schlimmer wird, als es bereits ist!

Bitte teilen Sie Ihre Zeit gut ein, entweder wöchentlich oder täglich, und führen Sie darüber Buch, indem Sie alles aufschreiben, dass was ansteht zu tun. Nur wer einen wachen Geist hat, der kann wieder gesund werden , wenn er einmal nervenkrank geworden ist! Bitte setzen Sie darum Ihre Medikamente nicht ab, wenn Sie diese müde machen, denn der Mensch braucht auch den Schlaf, das ist sehr wichtig, sonst würden Neuroleptika nicht mehr wirken.

Bitte machen Sie sich nützlich, wenn Sie wo neu hinzugekommen sind, nur so können Sie wieder genesen, bitte vergessen Sie das nicht! Erst ein positiver Kontakt kann Sie heilen, wenn Sie nervenkrank geworden sind! Wem viel vergeben wurde, der kann auch viel lieben, das ist auch der Wille Gottes, der für unser weiteres Leben gilt. Nur durch Vergebung können wir lieben, sonst wäre unser Leben vollkommen sinnlos.

Wen jemand Fehler macht, der kann immer dazulernen, wenn er es will, vorausgesetzt, derjenige ist nicht schizophren, denn ein Schizophrener, macht oft immer die gleichen Fehler! Denn sein Gehirn liefert Ihm verkehrte Informationen, die er nur mit fremder Hilfe aus dem Kopf bekommt, darum braucht ein Schizophrener immer Motivationshilfe, am besten besucht er darum eine Schule! Ganz wichtig ist das Konzentrationsvermögen, wenn das kein Korrektes Ja oder Nein liefert, sind wir alle im Chaos, bitte denken Sie daran, sonst können Sie niemals mehr in der Lage sein sich richtig zu konzentrieren, denn nur durch Konzentration kann Ihr Leben gelingen. Wem es an Konzentrationsvermögen mangelt, der muß zum Nervenarzt! Dann kann Ihm geholfen werden!

Bitte seien Sie bereit vernünftig zu handeln, nur die Vernunft kann Sie vor einer Paranoia bewahren, denn wer nicht in der Lage ist sich mit der Vernunft richtig einzuschätzen, der geht im Leben baden. Es gibt ohne die Vernunft kein zurück mehr.Wer nicht Reif ist für eine sexuelle Beziehung, oder zu einem Beruf, einem Hobby, der sollte die Finger davon lassen, bis er so weit ist, das zu schätzen,bitte akzeptiert das damit kein Unheil über uns kommt!

Lassen Sie niemals jemanden im Stich, wenn er Ihre Hilfe zu schätzen weiß, oder Ihr Leben verliert sonst an Farbe, denken Sie bitte daran, das wird Ihnen gut tun! Nur korrektes Verhalten führt zum Ziel, wenn jemand lacht, dann lache mit ihm, wenn jemand weint, dann Weine mit Ihm, aber wenn jemand wütend ist, dann sei mit ihm wütend! Das steht im Römerbrief Kapitel 12!

Treiben Sie viel Sport, das heilt Sie von Ihrer Nervenkrankheit, dazu gehören Schwimmen,Radfahren, Skifahren, Powerwalking, Zirkeltraining, Fitness Studio und desweiteren...

Stellen Sie zu anderen Menschen den richtigen Kontakt her, indem Sie fleißig sind und sich nützlich machen, wo Sie nur können, dadurch wird Ihre kranke Seele wiederum stabil werden.

Es ist wichtig, das Sie sich mit wichtigen Dingen auskennen, erst das bringt Ihre Heilung in Schwung! Darum trachten Sie als erstes nach einer Bildung! Erweitern Sie Ihr Bewusstsein, für das brauchen Sie eine Bereitschaft, gehen Sie wenn möglich zum Saunieren, betreiben Sie koscheren Sex, kehren Sie in sich, beten Sie, fasten Sie und versetzten Sie sich in einen tranceartigen Zustand, um Schmerzen zu ertragen! Bitte fügen Sie sich in Trance oder anderen keinen Schaden zu!

Jeder Mensch braucht irgendwas in seinem Leben, das er dann auch suchen muss um es zu bekommen, und wenn er es endlich gefunden hat, braucht er wieder etwas, das er suchen muss, bis er es gefunden hat, und sowie es dann sein wird für den Rest seines Lebens, darum macht Euch auf die Suche. Egal was es auch immer gewesen ist, nur denkt daran, dass andere das Gleiche suchen, wie das was Ihr suchen würdet! Bestimmt freut Ihr Euch am Leben und wisst damit etwas anzufangen, denkt daran Ihr könnt ohne Freude an dem Leben keine natürlichen Heilungen haben, die wir alle dringend brauchen, und gönnt Euch was, aber übertreibt damit nicht!

Wer von den Lesern raucht und trinkt Alkohol? Das ist Gift für Euren Körper und schadet Eurer Gesundheit, davon werdet Ihr nur krank. Es nimmt Euch nicht nur Eure Energie und Eure Gesundheit, es kostet auch viel Geld, das woanders besser gebraucht werden würde. So denkt Ihr die Drogen sind für Euch Medizin, und geben Euch Kraft, was zu tun, aber das Gegenteil entspricht der Wahrheit!

Wenn Ihr schon mal einen Suicidversuch unternommen habt, dann wisst Ihr wie schön das Leben ist. Es ist so viel schönes in unserer Welt, dass ein Leben nicht ausreichen würde um alles zu genießen was es gibt. Bitte Schaden Sie sich nicht selber, indem Sie sich das Leben nehmen. Immer können Sie einen Neuanfang wagen, wenn was schief gelaufen ist, denkt daran, bis Ihr wieder von klein anfangen könnt. Haben Sie viele Freunde? Dann pflegen Sie diese Beziehungen und seien Sie da, wenn Sie gebraucht werden von Ihren Mitmenschen, und helfen Sie, damit auch Ihnen geholfen werden kann! Nur wer da ist, wenn man Ihn braucht, für den wird dann auch jemand da sein, bitte vergessen Sie das nicht ! Eine Hand wischt die andere.

Bitte begeben Sie sich in einem Konflikt immer auf die richtige Seite, das ist sehr wichtig und denken Sie daran, dass Sie in dieser gefährlichen Situation auch sterben könnten. Es ist im Leben immer eine Gefahr vorhanden, dass Ihre letzte Stunde geschlagen hat, vergessen Sie das nicht!

Neues ausprobieren, kann einmal Ihr Leben retten, und es ist möglich, dass Sie dann was dazulernen können. Ohne Fleiß kein Preis, sonst können Sie in dieser Welt nicht bestehen. Es kann immer was Neues geschehen und sich was verändern, auch zu Ihrem Vorteil, wenn es sein muss!

Wer einmal berühmt gewordenen ist, der weiss, wie schwer das Leben ist, wenn man im Rampenlicht gestanden ist, bitte vergessen Sie das nicht, alle Menschen wiederum würden Ihnen gerne zu Füße liegen, wenn Sie es als berühmter Mensch so wollen? Jeder berühmte Mensch hat seine Fans, die um ihn herum sind, und denken daran, was ich Ihnen hier gesagt habe!

Selbstzerstörung ist eine große Angst, die jeden Menschen befallen können würde, man wird sie nur unter Mühen wieder los! Der Psychiater hat dagegen gute Medikamente, die Sie nehmen sollten! Reisen Sie sich mit den Ängsten ,zusammen, so wie es nur irgendwie geht! Bitte verlieben Sie sich so oft Sie können, und heiraten Sie wenn Sie es wollen, eine gute Ehe wird Ihnen gut tun, bleiben Sie in .der Ehe liebevoll und fürsorglich! Vor allem wenn Kinder kommen. Eine Ehe und Kinderglück ist für Ihr Wohlbefinden wichtig. Wer seinen Ehepartner und seine Kinder pflegt, der wird eher gesund, wenn er nervenkrank geworden ist! Das ist für Ihr Wohlbefinden und Lebensglück sehr wichtig!

Kapitel 2 Was sind künstliche Heilungen bei Nervenkrankheiten? Wie funktioniert das Gehirn?

Nervenzellen im Gehirn kommunizieren über Neurotransmitter. Einer der häufigsten Transmitter ist die Gamma-Aminobuttersäure (KURZ GABA). Andere Neurotransmitter sind Serotonin, Noradrenalin, Dopamin und neuromodulatorische Peptite und Hormone! Diese Botenstoffe im Gehirn haben verschiedene Funktionen. Noradrenanlin reguliert die Regionen, die für Wachheit zuständig sind. Serotonin kommt im limbischen System vor. Dopamin hilft Dinge zu erkennen, die von großer Wichtigkeit sind. Bei einer Psychose ist das Dopaminsystem von einer äußerster verstärkter Aktivität vorhanden. Man kann das mit Medikamenten dämpfen. Mit Hilfe von Beruhigungsmitteln kann man bestimmte Systeme im Gehirn ansprechen. Wenn ein System krankheitsbedingt zu stark oder schwach ist, kann man mit Medizin eine Normalisierung herbeiführen. Man muß aber berücksichtigen was das Psychopharmaka mit anderen Gehirnregionen macht! Man kann Neuroleptika einsetzen gegen Depressionen, Angststörungen, Zwangserkrankungen, somatforme Störungen, bei Psychotherapie, Schmerzhandlungen, Psychosen, Suchterkrankungen, psychiatrischen und neurologischen Erkrankungen. Natürlich haben Medikamente Wechselwirkungen mit anderen Arzneimitteln. Psychopharmaka gibt es in Tabletten, Tropfen und Depotspritzen! Es gibt niederpotente, mittelpotente und hochpotente Medikamente. Oft haben sie Nebenwirkungen, sie machen müde, es kommt zu Schwindelanfällen, dem Patienten wird übel, der Speichelfluß tritt vermehrt auf, Zitteranfälle gibt es auch, der Körper kann Krämpfe bekommen, der Patient wird unruhig, sexuelle Funktionsstörungen gibt es auch, man hat mehr Appetit und das Gewicht nimmt zu, man klagt über Kopfschmerzen, es kommt zu Bluthochdruck, der Puls wird schneller, auch kommt es zu Schlaflosigkeit, der Mund wird trocken, es kommt auch zu Appetitlosigkeit, sogar Sehstörungen sind möglich, wenn es möglich ist führt es zu erbrechen, auch eine Sitzunruhe ist wahrscheinlich, man bekommt unter Umständen einen schlorbenden Gang. Das alles steht geschrieben im Buch von Jahn Dreher, Psychopharmakatherapie griffbereit.

Das Gehirn

Es ist das komplexeste Gewebe im menschlichen Körper. Bei Frauen wiegt es ungefähr 1250 Gramm und bei Männern ungefähr 1375 Gramm. Es ist eines unserer schwersten Organe. Sein Gewebe braucht am meisten Sauerstoff, bis zu 30 % des Gukloseangehaltes nimmt es auf. Das Gehirn besteht aus grauen und weißen Substanzen. Es ermöglicht uns unsere Umgebung wahrzunehmen. Ohne das Gehirn könnten wir uns nicht bewegen. Wir verdanken ihm unsere Gefühle. 24 Stunden am Tag steuert es unsere Körpervorgänge. Durch dieses können wir überhaupt denken. Wir verdanken ihm unsere Persönlichkeit und unseren Charakter, unser Wissen und unsere Interessen. Es besteht aus den Frontallappen, Scheitellappen, Schläfenlappen, Hinterhauptlappen und dem Kleinhirn. Jedes Teil des Gehirnes hat eigene Funktionen. Ein gesunder Frontlappen befähigt uns unser Verhalten richtig zu ordnen.

Er ist für logisches Denken verantwortlich, und die Kontrolle unserer Impulse. Eine verzögerte Entwicklung des Frontallappens führt bei Kindern zu Aufmerksamkeits-Hyperaktivitäts-Störung. (ADHS)! Eine Veränderung des Verhaltens ist bei ADHS nur schwer möglich. Bei Erwachsenen fehlt dann eine Impulskontrolle. Sie sagen Dinge, die Sie nicht sagen sollten, gehen in Partnerschaften fremd. Sie haben ein schlechtes Urteilsvermögen. Der Frontallappen steuert die Emotionen, Motivationen, und das Planen wichtiger Angelegenheiten. Falls er nicht richtig funktioniert führt das zu Depressionen, Motivationslosigkeit, mangelndem Engagement, Projekte und Ziele können nicht mehr verwirklicht werden. Auch die Feinmotorik wird von ihm gesteuert.

Die Scheitellappen befinden sich hinter den Ohren, Er nimmt Empfindungen und Berührungen und Druck wahr. Informationen von der Haut, den Muskeln, Gelenken, und visuelle Wahrnehmungen werden dort bewußt. Bei einer Degeneration des Scheitellappens werden Sie damit Probleme haben.

Die Schläfenlappen sind über den Ohren, und sind verantwortlich für das Hören, Sprechen, das Gedächtniss, psychische Reaktionen und Unterscheidungen von Gerüchen und anderem verantwortlich. In den Schläfenlappen befindet sich der Hippocampus, der für das Kurzzeitgedächtniss und das Langzeitgedächtniss verantwortlich ist. Bei einer gesundheitlichen Verschlechterung des Hippocampus werden Sie damit Probleme haben und auch mit ihrem Orientierungsvermögen. Er ist am Wach- und Schlafrythmus beteiligt. Er ist verantwortlich für Entspannung, dem Einschlafen, und einem Energieaufbau beim Aufstehen. Mit seiner Hilfe kann man immer gut aufstehen und gut einschlafen. Wenn er schlecht funktioniert, heißt das schlechtes Gedächtniss, Hörprobleme, Hintergrundgeräusche, Tintitusschübe, Energieprobleme im Tagesverlauf, und anhaltende Schlafstörungen.

Der Hinterhauptlappen ist an der Rückseite des Gehirns. Er ermöglicht es Formen, Farben, und Bewegungen, und Unterscheidungen zu erkennen. Menschen mit einer Störung dieses Lappens tun sich schwer Farben zu erkennen, haben Halluzinationen, oder Sie können ein Bild visuell wahrnehmen, das bereits aus Ihrem Gesichtsfeld verschwunden ist.

Das Kleinhirn befindet sich am Hinterkopf über dem Nacken. Es stimmt Muskelkoordinierungen und Muskelbewegungen ab, Er ist für das Gleichgewicht verantwortlich. Das Gleichgewichtsorgan befindet sich im Ohr. Alkohol unterdrückt dessen Funktionen. Bei einer Gleichgewichtsstörung des Kleinhirns ist der Patient wie betrunken. Wer nicht viel Alkohol verträgt hat vielleicht ein krankes Kleinhirn, und wem es beim Autofahren schwindelig wird, der hat ein schwaches Kleinhirn. Das steht in dem Buch, Was ist bloss mit meinem Gehirn los von Datis Kharrazian.

Wenn man Psychopharmaka absetzt, kann es zu unangenehmen Erscheinungen kommen. Möglich sind Depressionen, grippeähnliche Beschwerden, Schwäche, Schwindel, Kopfschmerzen,

Sehstörungen, Reizbarkeit, Angst, Unruhe, Aggressionen, Schlafstörungen, Stimmungsschwankungen, Übelkeit, Schwitzen, unangenehme elektrisierende Empfindungen an Armen und Beinen. Auch kann es zu Absetzpsychosen kommen, die schlimmer sind als ursprüngliche Psychosen. Möglicherweise gibt es auch kognitive Störungen. Man sollte diese Medikamente nur schleichend absetzen. Für jedes Absetzen gilt, die Gefahr einer Wiedererkrankung ist sehr hoch.

Antipsychotika gibt es viele, wie zum Beispiel Zotepin, Chlorpromazin, Clozapin, Melperon, Perazin, Quetiapin, Thioridazin, usw.! Das stärkste Neuropleptika ist Benperidol. Neuroleptika wirken im Gehrin, bei Wahnvorstellungen und Haluzinationen, dort entfalltet es seine antipsychotische Wirkung. Neuroleptika verabreicht man bei Psychosen und Anti-Depressiva gibt man bei Depressionen. Bei Schizophrenen und Manischen Psychosen, Depressionen, Persönlichkeitsstörungen, und psychischen Erkrankungen verwendet man Neuroleptika. Ein Neuroleptika mit der größten Schlafwirkung ist natürlich Pipamperon. Es ist gleichzeitig schlaffördernd, beruhigend und antipsychotisch. Die wenigsten Nebenwirkungen haben: Risperidon, Olanzapin, Zotepin, Sulpirid, Amisulprid, Quetiapin, Ziprazidon. Neuroleptika sind gefährlich, man kann möglicherweise bis zu 20 Jahre früher sterben, aber dafür ist man frei von psychotischen Beschwerden, wie Ängsten, Wahnvorstellungen, Haluzinationen, Aggressionen, Bewusstseinsspaltungen usw...! Man wird von Ihnen nicht abhängig und sie machen nicht süchtig. Was sind die besten Neuroleptika? Amisulprid, Risperidon, Olanzapin,

Paliperdon, Haloperidol gehören dazu. Neuroleptika dienen der Ruhigstellung verwirrter Personen und der Behandlung von wahnhafter Depressionen. Sie wirken auf den Patienten, dass er Therapiefähig wird! Sie wirken beruhigend und dämpfend! Sie blockieren Rezeptoren im Gehirn, dazu gehören:

1. Dopamin- Rezeptoren
2. m-Cholinorezeptoren
3. alpha-Rezeptoren
4. Histamin-Rezeptoren
5. Serotonin-Rezeptoren

Neuroleptika greifen in den Neurotransmitterstoffwechsel des Gehirns ein, beeinflussen die Botenstoffe für Wahrnehmungen, Verhalten und Emotionen. Sie stellen ein Gleichgewicht im Gehirnstoffwechsel wieder her. Sie nehmen Einfluß auf die Chemische Signalübertragung im Gehirn, zwischen den Neuronen. Im menschlichen Gehirn gibt es viele Milliarden Neuronen, die Reize weiterleiten und empfangen können. Die Neuronen sind Nervenzellen, die elektrisch erregbar sind und der Erregungsleitung dienen. Die 100 Milliarden Nervenzellen im Gehirn ermöglichen es Informationen zu empfangen, zu verarbeiten, weiterzuleiten. Ihre Verbindungsstellen sind die Synapsen, die viel häufiger sind als die Neuronen. Denn viele Zellen sind miteinander verknüpft. Mit Hilfe von elektrischen und chemischen Signalen nimmt die Nervenzelle Informationen auf, verarbeitet diese, gibt sie weiter. Um auf die Umwelt zu reagieren, transportieren sie Reize im Gehirn. Körperliche Betätigung läßt die Neuronen wachsen. Sie leiten sensorische Informationen und motorische Steuerbefehle weiter. Nervenzellen brauchen vor allem Glukose und Sauerstoff. Folgende Mineralstoffe sind für das Gehirn wichtig:

1. Magnesium
2. Kalium
3. Jod
4. Kupfer
5. Zink
6. Eisen
7. und andere

Das Gehirn ist rund um die Uhr aktiv, es braucht darum viel Energie. B-Vitamine, Uridin- und Cytidinmonophosphat reagieren auf die Nervenzellen. Mangelnde Durchblutung und Sauerstoffmangel machen das Gehirn kaputt. Eine geschädigte Nervenzelle braucht Wochen oder Monate, bis sie regeneriert ist. Schmerzhafte Nervenzellen senken die Lebensfreude. Für geschädigte Nervenzellen hilft Entspannungsübungen, autogenes Training, Muskelentspannungen. Wichtig ist auch körperliche Bewegung und ausgewogene Ernährung.

Nervenschäden kann man behandeln, indem man auf die Ursachen geht. Es gibt Medikamente, Operationen, Reizstrombehandlungen, Physikalische Therapien oder Alternative Verfahren. Vor allem regelmäßige Bewegung und Sport helfen. Dem Streßempfinden soll man entgegenwirken. Folgende Tipps für starke Nerven gibt es:

1. Spüren Sie Ihren Körper beim Sport! Das wird Ihnen gut tun!

2. Wichtig ist auch immer eine ausreichende und ausgewogene Ernährung!
3. Seien Sie immer achtsam, und konzentrieren Sie sich auf Ihre Tätigkeiten!
4. Kontrollieren Sie Ihre Gedanken, die sie haben! Stärken Sie Ihre Merkfähigkeit!
5. Werden Sie sich Ihrer Gefühle bewußt und lernen Sie diese zu akzeptieren!
6. Erkennen Sie Ihre Recourcen!
7. Lachen, Singen und Summen helfen ein überreiztes Nervensystem zu beruhigen.
8. Bringen Sie Ihr vegetatives Nervensystem wieder ins Gleichgewicht,
9. Nervennahrung ist Eiweiß, komplexe Kohelhydrate, Vitamine und Mineralstoffe!

Aus der Suchmaschine Google!

Kapitel Drei – Wie groß sind die Chancen gesund zu werden, wenn man natürliche und künstliche Heilungen bei Nervenkrankheiten hat?

Es ist wahrscheinlich viel eher möglich, wenn man nervenkrank ist, dass man künstliche Heilungen hat; als dass man natürliche Heilungen hat. Künstliche Heilungen kommen durch Psychopharmaka zustande, denn die Wahrscheinlichkeit für natürliche Heilungen ist viel zu gering.

Die Wahrscheinlichkeit einen Verkehrsunfall zu haben hängt von verschiedenen Faktoren ab, wenn man mal darüber nachdenkt:

1. Wie ist das Wetter? Regnet es oder stürmt es, schneit es oder ist es glatt. Ist das Fahrzeug auch wintertauglich oder sommertauglich?
2. Wie ist das Verkehrsvollumen, stehen Sie im Stau oder haben Rettungsfahrzeuge einen Vorrang?
3. Ist Ihr Fahrzeug verkehrssicher und ist es ausreichend gewartet? Können Sie sich Wartungen auch leisten?
4. Haben Sie beim Autofahren auch ausreichend Konzentration? Erkennen Sie beim Fahren auch Gefahren?
5. Wie sicher sind die Straßen, auf denen Sie fahren?
6. Sind Ihre Verkehrspartner auch rücksichtsvoll oder sind die Verkehrsteilnehmer immerhin auch rücksichtslos?

Wovon hängt das Riskio ab, wenn man einen Arbeitsunfall hat? Für einen Arbeitsunfall ist die Unfallversicherung zuständig!

1. Arbeiten Sie mit Maschinen? Sind diese Maschinen auch sicher, wenn Sie von Ihnen bedient werden?
2. Wieviel Zeit haben Sie für Ihre Arbeit? Stehen Sie unter Zeitdruck, dass Sie nicht ausreichend Zeit haben? Das erhöht das Unfallrisiko!
3. Können Sie sich auf Ihre Arbeit konzentrieren?
4. Machen Sie bei Ihrer Arbeit Fehler?
5. Kennen Sie sich mit der Maschine aus, an der Sie arbeiten?
6. Werden Sie bei der Arbeit abgelenkt?
7. Gibt es an der Maschine unvorhergesehene Probleme?
8. Sind Ihre Maschine und Werkstoffe defekt?

Können Sie körperlich krank werden? Wie wahrscheinlich ist das? Von welchen Faktoren hängt das ab?

1. Wie sinnvoll ist Ihre Ernährung?
2. Welche körperlichen Betätigungen haben Sie? Sport oder weite Wege zur Arbeit, zum Einkaufen?
3. Haben Sie sich mit einer Krankheit infiziert, die ansteckend ist? Kann man sie behandeln?
4. Waren Sie einer Situation ausgesetzt, durch die Sie erkrankt sind?
5. Waren Sie schlechten Umweltverhältnissen ausgesetzt? In Afrika trinken viele Menschen schlechtes Wasser!

Waren Sie mal kriminell? Hatten Sie keine Möglichkeit Ihr Geld auf ehrliche Weise zu verdienen? Wie wahrscheinlich ist das?

1. Hatten Sie finanzielle Not?
2. Haben Sie schlechten Umgang gehabt? Sind Sie ins Drogenmilieu oder ins Verbrechermilieu abgerutscht?
3. Kann es sein, dass Sie in einer Notsituation waren? Brauchten Sie dringend finanzielle Hilfe um aus dieser Notsituationen heraus zu kommen?
4. Leben Sie gerne über Ihre Verhältnisse?
5. Wollen Sie keiner geregelten Tätigkeit nachgehen?
6. Sind Sie ein Kleptomane, ist es bei Ihnen krankhaft zu stehlen?
7. Wollen Sie sich auf Kosten anderer Menschen bereichern?
8. Haben Sie eine Nervenkrankheit?
9. Haben Sie zu viele kriminelle Energien?

Wie wahrscheinlich ist ein Lottogewinn? Haben Sie beim Glücksspiel eine goldene Ader oder sind Sie Hellseherisch veranlagt?

1. Spielen Sie regelmässig Lotto?
2. Nutzen Sie auch die Chance einen Glücksgewinn zu machen?
3. Gehen Sie auf die Möglichkeit ein Glückspiel zu machen ein?
4. Haben Sie einen guten Draht zum Lieben Gott?
5. Nutzen Sie die Chancen auf ein Glücksspiel?

Wie Wahrscheinlich ist eine glückliche Ehe? Können Mann und Frau es aushalten, wenn Sie miteinander verheiratet sind?

1. Wenn man sich lieb hat?
2. Beide brauchen sich gegenseitig?
3. Falls man gut zusammen paßt?
4. Wenn man sich nach einem Streit versöhnt hat?
5. Bitte teilt mit dem Partner die Arbeit, und nehmt ihm arbeiten ab, wenn es notwendig ist!
6. Habt Ihr füreinander Zeit?
7. Habt ihr die gleichen Ziele?
8. Bitte laßt einen Partner nicht im Stich, wenn er Euch braucht! Dann kann auch Euch geholfen werden!
9. Übernehmt gegenseitg Verantwortung, wenn es nötig ist!
10. Müßt Ihr ein Baby aufziehen?
11. Habt Ihr ein Haustier?
12. Spart auf ein gemeinsames Ziel?
13. Achtet und stützt Euch gegenseitig?
14. Denkt immer an Euren Hochzeitstag oder an den Geburtstag des Partners!
15. Bleibt einander Treu!
16. Habt Ihr gemeinsame Hobbies?

Nehmen wir einmal an, dass es zwei mögliche Heilungen gibt, bei Nervenkrankheiten: Künstliche und Natürliche! Könnte die Chance etwa 50 % zu 50 % sein? Wenn man nun beide Möglichkeiten, künstliche und natürliche Heilungen zusammenzählt, dann betrüge die Heilungswahrscheinlichkeit immerhin 100 %! Bitte glauben Sie fest daran, dass es so kommen wird, wenn sich beide Heilungen miteinander vertragen? Am besten erreichen Sie das, wenn Sie niemanden etwas schuldig bleiben. Denn wenn Sie sich etwas leisten können, dann müßen Sie auch bezahlen, oder Sie müßen auf das was Sie wollen verzichten!

Kapitel 4 – Einen Dummen Zug besser zurücknehmen bevor man in tut!

Man kann einen dummen Zug nicht mehr zurück nehmen!

Wenn man im Straßenverkehr nicht aufpasst, so dass man einen Unfall hatte, ist das nicht mehr aus der Welt zu schaffen. Man könnte voller Unachtsamkeit bei Rot über die Ampel fahren. Auch wäre es möglich Fußgänger und Radfahrer zu übersehen. Dem anderen PKW könnte man die Vorfahrt nehmen. Mit überhöhtem Tempo könnte man durch die Ortschaft fahren. Jedes Mal könnte man einen Unfall haben.

Falls ein Mensch sich das Leben nehmen möchte, und es gelingt ihm, dann ist das auch nicht mehr umkehrbar. Ein mißglückter Selbstmordversuch ist das beste Heilmittel gegen einen Suicid! Manchmal hat ein Selbstmörder auch ein Nahtodeserlebniss beim Suicidversuch, das kann sein Leben für immer verändern. Bitte lassen Sie nach Möglichkeit die Finger vom Sucid!

Wer schon mal einen Mord begangen hat, entweder absichtlich oder unabsichtlich, der kann das auch nicht mehr ungeschehen machen. Es kann sein, dass der Mörder dann ins Gefängnis kommt, wenn der Mord ins Feld der polizeilichen Ermittlungen kommt. Auch wenn es dem Mörder leid tut, wenn er so was getan hat, ändert das nichts mehr am Tathergang. Vielleicht wird im Gefängnis dann ein besserer

Mensch aus dem Mörder! Bestimmt wird ein Geständnis schuld mindernd angesehen.

Wenn jemand ein Dieb ist, dann kann der Dieb den Diebstahl nicht mehr ungeschehen machen, es sei denn der Dieb gibt das Diebesgut zurück, wenn er das noch kann.

Bei einem erfolgten Arbeitsunfall kann man unter Umständen verletzt werden. Wenn man Pech hat kann man dabei verbluten oder ein Körperteil verlieren. Es kann schmerzhaft sein. Verbrennungen vierten Grades tun nicht mehr weh, wenn das Gewebe unwiderruflich zerstört ist. Wichtig bei einem Arbeitsunfall ist schnell einen Notruf absetzen, und schnelles behandeln vom Notarzt und dem Rettungswagen. Stationäre Behandlungen sind dann meistens notwendig. Schnelles Handeln des Arztes kann Leben retten und vor Schaden bewahren. Ein entstandener Schaden kann ein Leben lang bleiben.

Nehmen wir mal an ein Bergsteiger stürzt beim Klettern in der Felswand ab, verletzt sich schwer, trifft dann schnell Hilfe ein, kommt ein Rettungshubschrauber zum Einsatz, natürlich nur, wenn der Bergsteiger rechtzeitig vermisst ist und jemand um Hilfe gerufen hat. In einem Fremden Land braucht man dafür eine Versicherung, damit die Behandlung erfolgen kann.

Ein leidenschaftlicher Schwimmer wagt sich zu weit hinaus aufs Meer, dann verlassen ihn die Kräfte. Wenn es niemand bemerkt, kann das sein Todesurteil sein. Auch wenn jemand über Bord gefallen ist, und es niemand bemerkt hat, das rettende Ufer zu weit entfernt ist, kann der Mensch im offenen Meer ertrinken.

Nehmen wir mal an ein unerfahrener Pilzesammler sammelt irrtümlich giftige Pilze, verzehrt diese dann zu Hause, und er verzehrt eine zu große Menge davon, dass er daran stirbt, wenn nicht rechtzeitig ärztliche Hilfe eintrifft. Dann kann man an seinem Tod nichts mehr ändern.

Ein Jugendlicher Schlittschuhläufer wagt sich zu weit auf den zugefrorenen See hinaus, kracht dann im dünnen Eis ein, eine fremde Hilfe kann wegen der großen Gefahr nicht mehr erfolgen, er ertrinkt dann im eingebrochenen Eis. Es kommt in den seltensten Fällen zu einer Rettung, und nur dann wenn jemand leichtgewichtig ist und liegend zum Opfer eilen kann ohne ins Eis zu brechen, mit einem langen Strick, den man um das Opfer wickeln kann! Meistens kann ein ertrinkender Sklittschuhläufer nicht mehr reanimiert werden , wenn er schon ertrunken ist. Falls derjenige das überlebt muß er in einer Spezialklinik behandelt werden, vor allem wenn er nicht mehr das Bewußtsein erlangt.

In Afrika gibt es dürre Felder, zu wenig Wasser fürs Getreide, dem Ackerbau, zu wenig Gras für die Rinder und für alle zu wenig Wasser. Das kann in Afrika immer wieder zu einer Hungersnot führen. Auch kleine Babys sind betroffen. Sie haben oft nur Haut auf den Knochen. Kommt nach längerer Zeit keine Hilfe mehr zu Stande, ist der Hungertod nicht mehr umkehrbar!

Wer in der Schule nichts mehr lernt, der hat dann schlechte Noten, er erreicht das Klassenziel nicht mehr und er muß das Schuljahr wiederholen. Vielleicht hilft es ihm dann weiter. Ohne Fleiß kein Preis!

Genauso wie man Geschehnisse und Entscheidungen nicht mehr zurücknehmen kann, kann man diese auch nicht mehr umkehren. Das gilt für künstliche Heilungen und natürliche Heilungen von Nervenkrankheiten. Eine Entscheidung ob man künstlich oder natürlich geheilt werden kann ist darum auch bindend. Bitte vergessen Sie nicht, wenn man nun 50 % künstliche Heilungen hat und 50 % natürliche Heilungen hat, dann sind das wenn man beide Heilungen gleichzeitig hat, immerhin 100% Heilungschance. Schade ist es wenn sich beide Heilungen nicht miteinander vertragen, dann muß man auf eine Heilung von beiden verzichten. Bitte fragen Sie Ihren Arzt, was dann zu tun ist?

Kapitel 5 – Wo wirst Du die Ewigkeit verbringen? Auf was setzt Du, natürliche oder künstliche Heilungen?

Wo wirst Du die Ewigkeit verbringen? Wenn Du die Frage falsch beantwortest hast, ob Du nun natürliche oder künstliche Heilungen bei Nervenkrankheiten haben möchtest? Wie kommst Du in den Himmel, wenn Du Dich für künstliche oder natürliche Heilungen entschieden hast?

In der Bibel steht im Lukasevangelium Kapitel 10 folgendes Gleichnis:

Das Gleichnis vom barmherzigen Samariter

25 Und siehe, ein Gesetzesgelehrter trat auf, versuchte ihn und sprach: Meister, was muß ich tun, um das ewige Leben zu erben? 26 Und er sprach zu ihm: Was steht im Gesetz geschrieben? Wie liest du? 27 Er aber antwortete und sprach: »Du sollst den Herrn, deinen Gott, lieben mit deinem ganzen Herzen und mit deiner ganzen Seele und mit deiner ganzen Kraft und mit deinem ganzen Denken, und deinen Nächsten wie dich selbst!« 28 Er sprach zu ihm: Du hast recht geantwortet; tue dies, so wirst du leben! 29 Er aber wollte sich selbst rechtfertigen und sprach zu Jesus: Und wer ist mein Nächster?

30 Da erwiderte Jesus und sprach: Es ging ein Mensch von Jerusalem nach Jericho hinab und fiel unter die Räuber; die zogen ihn aus und schlugen ihn und liefen davon und ließen ihn halbtot liegen, so wie er war. 31 Es traf sich aber, daß ein Priester dieselbe Straße hinabzog; und als er ihn sah, ging er auf der anderen Seite vorüber.

32 Ebenso kam auch ein Levit, der in der Gegend war, sah ihn und ging auf der anderen Seite vorüber. 33 Ein Samariter aber kam auf seiner Reise in seine Nähe, und als er ihn sah, hatte er Erbarmen; 34 und er ging zu ihm hin, verband ihm die Wunden und goß Öl und Wein darauf, hob ihn auf sein eigenes Tier, führte ihn in eine Herberge und pflegte ihn. 35 Und am anderen Tag, als er fortzog, gab er dem Wirt zwei Denare und sprach zu ihm: Verpflege ihn! Und was du mehr aufwendest, will ich dir bezahlen, wenn ich wiederkomme.

36 Welcher von diesen Dreien ist deiner Meinung nach nun der Nächste dessen gewesen, der unter die Räuber gefallen ist? 37 Er sprach: Der, welcher die Barmherzigkeit an ihm geübt hat! Da sprach Jesus zu ihm: So geh du hin und handle ebenso!

Waren Sie schon mal in einer solchen Situation, wo Sie einem verletzten Menschen helfen mußten? Haben Sie erste Hilfe geleistet und konnten Sie das Leben eines Menschen retten? War es für Sie heilsam Leben zu retten? Wissen Sie nun, ob Sie in den Himmel kommen, wenn Sie Erste Hilfe geleistet haben? Genauso wichtig wie Erste Hilfe zu leisten ist die Entscheidung zu treffen, ob man künstliche oder natürliche Heilungen für wichtig erachtet. Wenn Sie die richtige Entscheidung getroffen haben kommen Sie dafür bestimmt in den Himmel. Waren Sie schon mal in einer Situation, wo Sie zwischen den beiden Heilungen entscheiden mußten? Für die richtige Entscheidung erwartet Sie der Himmel und die ewige Glückseligkeit! Wie haben Sie in einer solchen Situation reagiert? Konnten in einer solchen Situation auch natürliche Heilungen durchgeführt werden? Oder mußte man künstliche Heilungen vorziehen? Haben die Mitmenschen es akzeptiert, wenn Sie sich für eine der beiden Heilungen entschieden haben? Wie hat der nervenkranke Mensch in dieser Situation reagiert? Hat es ihm gut getan, wenn er eine der beiden Heilungen verneint hat? Kann der nervenkranke Mensch selig werden, wenn er sich für eine künstliche oder natürliche Heilung entschieden hat? Im Matthäus Kapitel 5 steht:

Die Seligpreisungen

3 Glückselig sind die geistlich Armen denn ihrer ist das Reich der Himmel! 4 Glückselig sind die Trauernden, denn sie sollen getröstet werden!5 Glückselig sind die Sanftmütigen, denn sie werden das Land erben!6 Glückselig sind, die nach der Gerechtigkeit hungern und dürsten, denn sie sollen satt werden!7 Glückselig sind die Barmherzigen, denn sie werden Barmherzigkeit erlangen!8 Glückselig sind, die reinen Herzens sind, denn sie werden Gott schauen! 9 Glückselig sind die Friedfertigen, denn sie werden Söhne Gottes heißen! 10 Glückselig sind, die um der Gerechtigkeit willen verfolgt werden, denn ihrer ist das Reich der Himmel! 11 Glückselig seid ihr, wenn sie euch schmähen und verfolgen und lügnerisch jegliches böse Wort gegen euch reden um meinetwillen! 12 Freut euch und jubelt, denn euer Lohn ist groß im Himmel; denn ebenso haben sie die Propheten verfolgt, die vor euch gewesen sind.

Bitte bejahen Sie diese Seligpreisungen, egal ob Sie sich für künstliche oder natürliche Heilungen entschieden haben, dann wird Eurer das Himmelreich sein. Wichtig ist auch ob künstliche und natürliche Heilungen überhaupt realisierbar sind. Ist es besser auf natürliche Heilungen zu verzichten, wenn sie nicht akzeptiert werden? Was würde ohne künstliche Heilungen mit den Menschen passieren? Können sich beide Heilungen miteinander vertragen? Was ist zu tun, wenn sie sich nicht miteinander vertragen? Die künstliche Heilungen sind sicher vorhanden, die natürlichen Heilungen sind immerhin ungewiss! Bitte vergessen Sie nicht, dass die Stunde kommen wird, wo sich beide Heilungen miteinander vertragen.Es könnte sein, dass Sie dafür Opfer bringen müßen! Es könnte Ihnen mal was passieren, wo Sie zu den Medikamenten natürliche Heilungen haben werden, und Sie werden diese Heilungen akzeptiert bekommen von Ihren Mitmenschen. In einer solchen Situation kann Ihnen geholfen werden. Bitte warten Sie darauf, dass diese Situation eintritt, dann kommt die ganz große Stunde Ihrer Heilungen, nämlich beide Heilungen sind dann zu hundert % zusammen gekommen. Mit dieser Situation kommen Sie in den Himmel!

Verzagen Sie niemals, wenn es Ihnen schlecht geht, wenn beide Heilungen sich nicht vertragen oder Sie diese nicht haben können. Bestimmt können Sie gestärkt durch diese Situation hervorgehen, nehmen wir mal das schlimmste an, beide Heilungen haben jeweils 0 % Heilung bekommen, und schliessen sich gegenseitig aus, dann können Sie froh sein, dass es für die künstliche Heilungen gute Medizin gibt. Ohne Medikamente wäre eine solche Situation absolut tödlich! Wenn ein Mensch eine solche Nervenkrankheit überlebt, kann das nur ein großes Wunder sein. Ein Mensch der 0 % Heilung hat auf beiden Heilungen, kann vom medizinischen Standpunkt nicht mehr am Leben sein, bitte wissen Sie solche kranken Menschen zu schätzen, wenn diese selbstverständlich wieder geheilt worden sind. Falls Sie eine solche ungewöhnliche Heilung nicht akzeptieren, machen Sie alle Menschen damit verrückt, denn das überfordert die Menschen. Krümmen Sie diesem geheilten, kranken Menschen kein Haar, da kommt nichts Gescheides dabei heraus! Vielen Dank dafür!

Kapitel 6 – Gibt es eine Heilung ohne Medikamente und gibt es keine Heilung ohne Medikamente?

Eine Heilung ohne Medikamente ist leider oft nicht möglich, vor allem weil Medikamente bequemer sind.

1. Würden Sie zu Fuß nach München laufen, wenn PKW, Bus oder Bahn bequemer sind?
2. Würden Sie sich jeden Tag eine Pizza backen, wenn Sie nebenan beim Italiener viel schneller und mit weniger Arbeit eine Pizza bestellen könnten?
3. Würden Sie jeden Tag in einem Wolkenkratzer in die 100. Etage laufen, rauf und runter, wenn der Fahrstuhl viel schneller und weniger Mühsam ist?
4. Wer würde 1000 qm Acker mit dem Spaten umgraben, wenn es mit einem Pflug oder einer Gartenfräße viel weniger anstrengend ist?
5. Würden Sie als Koch jeden Tag 1000 Kartoffeln schälen, wenn es mit einer Schälmaschine viel bequemer ist?
6. Wer würde herrenlose Obstbäume abernten, und sich einer Verletzungsgefahr aussetzen beim Ernten, wenn er im Supermarkt sein Obst viel bequemer haben kann, und vor allem das Obst nicht einlagern muß?
7. Würden Sie jeden Tag einen Marathonlauf machen, wenn es mit dem Fahrrad viel unbeschwerter und schneller geht?

8. Wer würde sein Getreide von Hand ernten, wenn eine Erntemaschine viel weniger Aufwand macht?

9. Hätte es einen Sinn 1000 Kühe von Hand zu melken, wenn eine Melkmaschine viel unbeschwerter funktioniert?

10. Wer würde die Bibel von Hand abschreiben, wenn es die Buchdruckkunst viel schneller und bequemer ist? Früher in vergangenen Jahrhunderten mußte die Bibel von Mönchen handschriftlich vervielfältigt werden, und war daher sehr teuer.

11. Würden Sie nach China reisen, um dort von etwas bestimmten (vielleicht die Chinesische Mauer) ein Foto zu machen – oder würden Sie das Bild (von der Chinesischen Mauer) aus dem Internet besorgen?

12. Würden Sie für ein Gemählte 1000 € ausgeben, wenn Sie das selbe Gemählte selber billiger malen könnten, denken Sie daran, für 1000 € müßten Sie einen Monat lang arbeiten!

13. Was würde passieren, wenn Sie sich ein Tier halten? Tiere sind gut für die Seele? Könnten Sie an einem Tier davon profitieren, wenn Tiere gut sind gegen Depressionen sind? Bitte halten Sie das Tier Artgerecht!

14. Würden Sie ein Bild von einem Objekt malen, wenn ein Foto bequemer ist?

15. Würden Sie Ihr Essen stehlen, wenn Sie keine Lust zum arbeiten hätten? Ohne Geld können Sie nichts zu Essen kaufen? Ohne Arbeit können Sie kein Geld verdienen?

16. Wenn Sie Geburtstag haben, machen Sie sich selber einen Kuchen oder eine Torte? Oder kaufen Sie diese, oder lassen Sie den Kuchen, die Torte von Gratulanten backen?

17. Machen Sie in der Schule Ihre Hausaufgaben, oder schreiben Sie ab? Wer falsch abschreibt bekommt schlechte Noten, wie wenn er selber fleißig Hausaufgaben macht!

18. Was macht mehr Mühe? Das Auswendiglernen oder Aufschreiben von Wissen?

19. Würden Sie alleine ein Haus bauen, oder würden Sie Hilfe von Freunden, Arbeitskollegen und Verwandten in Anspruch nehmen?

20. Kaufen Sie Ihre Lebensmittel selber ein, oder schicken Sie jemanden zum Einkaufen!

21. Würden Sie noch an die Arbeit gehen, wenn Sie einen Lottogewinn hätten?

22. Wenn Sie keine Lust zum Kochen haben, gehen Sie dann in ein Lokal zum Essen?

23. Würden Sie sich von einem Gastgeber bekochen lassen, wenn Sie keine Lust zum selber kochen hätten?

24. Wenn ein nervenkranker Mensch wieder gesund wird von seiner Nervenkrankheit, weil er seinen begangenen Irrtum einsieht, dann gibt es zwei Möglichkeiten: Man akzeptiert seine Einsicht oder man akzeptiert diese Einsicht nicht? Wenn man die Einsicht einsieht ist Heilung möglich, wenn man den Irrtum nicht einsieht, bleibt der Patient krank. Das heißt: Wenn der Patient akzeptiert wird, wenn er seinen Irrtum einsieht, der wird gesund und macht keinen Quatsch mehr! Wird der Patient nicht akzeptiert, wenn er seinen Irrtum einsieht, dann bleibt der Patient krank, und macht den Quatsch wieder?

Das verlockende an dem Umstand, dass Medikamente bequemer sind, verleitet alle Menschen dazu, auf natürliche Heilungen zu verzichten! Denn natürliche Heilungen sind um ein vielfaches anstrengender als medikamentöse Heilungen! Können Sie das verstehen? Dann setzen Sie bitte nicht Ihre Medikamente ab, weil sie bequemer sind, und denken Sie daran, Sie hätten vielleicht dann gar keine Heilungen mehr ohne Medikamente!

Kapitel 7 – Gibt es wirklich Heilungen ohne Medikamente? Kann Gott heilen?

Ohne Medikamente werden die Leute wieder krank!

Früher gab es keine Neuroleptika, da waren die Leute immer nur krank. Therapien waren nur sehr schwer durchzuführen. Das Risiko einer schweren Nervenkrankheit ohne Medikamente ist für den Patienten viel zu groß! Oft gibt es Nervenkrankheiten, die der Patient ohne Medizin nicht überleben kann. Die Krankheit führt ohne Medizin nur zu einer Verschlimmerung! In der heutigen Zeit könnte man so viele Nervenkranke, wie es gibt, nicht ohne Medizin behandelt werden. Wo ein Wille zur Heilung ist, da ist auch ein Weg! Eine Heilung ist dann immer möglich! Über die Organische Behandlung von Nervenkrankheiten gilt, dass man ohne Medizin nur sehr schwer helfen kann. Die Zeit heilt alle Wunden, so helfen die Beruhigungsmittel bei Nervenkrankheiten. Mit Sicherheit würde jeder Versuch Nervenkrankheiten ohne Medizin zu behandeln schief laufen. Ohne die Medikamente treten gesundheitliche Beschwerden auf, denn die ursprüngliche Nervenkrankheit tritt wieder auf, in diesem Falle. Also darf man die Beruhigungsmittel nach Möglichkeit nicht absetzen. Denn das Erkrankungsrisiko ist ohne Arznei zu groß. Bedenken Sie vor vielen Jahren gab es keine Medizin gegen nervliche Krankheiten, da endete dies oft tödlich, möglicherweise im Suicid. Denken Sie daran, dass die Medikamente das kleinere Übel sind. Die Krankheit ist aber das größere Übel. Eine erfolgreiche Behandlung hält oft ein Leben lang an, wenn es möglich ist! Bitte werfen Sie Ihr Leben nicht weg ohne Medikamente! Kommen Sie mit den Medikamenten zur inneren Ruhe! Vergleichen Sie Ihre Krankheit ohne Medikamente, mit der Heilung durch Medikamente. Sammeln Sie Erfahrungen in denen sich künstliche Heilungen und natürliche Heilungen miteinander vertragen! Denn die Patienten würden ohne diese Heilungen alle wieder krank werden. Halten Sie Ihre Heilungsgründe immer aufrecht, sonst werden Sie wieder krank! Verteidigen Sie Ihre Standpunkte, die zu einer Heilung führten, sonst werden Sie wieder krank. Denken Sie daran ohne Medikamente werden Sie genauso wieder krank, wie ohne Ihre Heilungsgründe und ohne Ihre Heilungsstandpunkte! Jeder Mensch ist auf Heilungen angewiesen, denken Sie daran, und ohne Heilungen kommt die Krankheit wieder! Als Heilungsgründe gibt zum Beispiel Arbeit, die wird Ihnen Gut tun. Auch Sex ist dafür gut! Das Lernen kann Ihnen da weiterhelfen. Soziale Kontakte braucht der Mensch. Menschlichkeit ist angesagt! In der Bibel gibt es zwei Gebote, die für Heilungen notwendig sind: Im Lukas Kapitel 10 steht:

»Du sollst den Herrn, deinen Gott, lieben mit deinem ganzen Herzen und mit deiner ganzen Seele und mit deiner ganzen Kraft und mit deinem ganzen Denken, und deinen Nächsten wie dich selbst!«

Ohne Liebe gibt es keine Heilungsgründe und auch keine Heilungen, bitte vergessen Sie das nicht, denn es ist wichtig für Ihr weiteres Leben!

Im Matthäus Kapitel 8 steht: Wie Jesus zwei Besessene geheilt hatte! Leider missachteten die Menschen diese Tat!

Die Heilung von zwei Besessenen

28 Und als er ans jenseitige Ufer in das Gebiet der Gergesener kam, liefen ihm zwei Besessene entgegen, die kamen aus den Gräbern heraus und waren sehr gefährlich, so daß niemand auf jener Straße wandern konnte. 29 Und siehe, sie schrien und sprachen: Was haben wir mit dir zu tun, Jesus, du Sohn Gottes? Bist du hierher gekommen, um uns vor der Zeit zu quälen?

30 Es war aber fern von ihnen eine große Herde Schweine auf der Weide. 31 Und die Dämonen baten ihn und sprachen: Wenn du uns austreibst, so erlaube uns, in die Schweineherde zu fahren! 32 Und er sprach zu ihnen: Geht hin! Da fuhren sie aus und fuhren in die Schweineherde. Und siehe, die ganze Schweineherde stürzte sich den Abhang hinunter in den See, und sie kamen im Wasser um.

33 Die Hirten aber flohen, gingen in die Stadt und verkündeten alles, auch was mit den Besessenen vorgegangen war. 34 Und siehe, die ganze Stadt kam heraus, Jesus entgegen. Und als sie ihn sahen, baten sie ihn, aus ihrem Gebiet wegzugehen.

Jesus von Nazareth war nicht nur ein Lehrer und Prophet, er konnte auch heilen, und andere Wundersame Dinge tun. So heilte er auch einen Blinden, das steht im Markus Kapitel 10 geschrieben:

Die Heilung des blinden Bartimäus

46 Und sie kommen nach Jericho. Und als er von Jericho auszog samt seinen Jüngern und einer großen Volksmenge, saß ein Sohn des Timäus, Bartimäus der Blinde, am Weg und bettelte. 47 Und als

er hörte, daß es Jesus, der Nazarener war, begann er zu rufen und sprach: Jesus, du Sohn Davids, erbarme dich über mich! 48 Und es geboten ihm viele, er solle schweigen; er aber rief noch viel mehr: Du Sohn Davids, erbarme dich über mich! 49 Und Jesus stand still und ließ ihn [zu sich] rufen. Da riefen sie den Blinden und sprachen zu ihm: Sei getrost, steh auf; er ruft dich! 50 Er aber warf seinen Mantel ab, stand auf und kam zu Jesus.

51 Und Jesus begann und sprach zu ihm: Was willst du, daß ich dir tun soll? Der Blinde sprach zu ihm: Rabbuni, daß ich sehend werde! 52 Da sprach Jesus zu ihm: Geh hin; dein Glaube hat dich gerettet! Und sogleich wurde er sehend und folgte Jesus nach auf dem Weg.

Auch heilte Jesus viele Aussätzige, so steht im Lukas Evangelium Kapitel 5 geschrieben, wie Jesus einen Aussätzigen heilte!

12 Und es begab sich, als er in einer der Städte war, siehe, da war ein Mann voll Aussatz. Und als er Jesus sah, fiel er auf sein Angesicht, bat ihn und sprach: Herr, wenn du willst, so kannst du mich reinigen! 13 Da streckte er die Hand aus, rührte ihn an und sprach: Ich will; sei gereinigt! Und sogleich wich der Aussatz von ihm. 14 Und er befahl ihm, es niemand zu sagen: Geh vielmehr hin, zeige dich dem Priester und opfere für deine Reinigung, wie Mose befohlen hat, ihnen zum Zeugnis! 15 Aber die Nachricht von ihm breitete sich desto mehr aus; und große Volksmengen kamen zusammen, um ihn zu hören und durch ihn von ihren Krankheiten geheilt zu werden. 16 Er aber hielt sich zurückgezogen an einsamen Orten auf und betete.

Im selben Kapitel steht auch geschrieben, wie Jesus Gelähmte heilte!

17 Und es begab sich an einem Tag, daß er lehrte; und es saßen Pharisäer da und Gesetzeslehrer, die aus allen Dörfern von Galiläa und Judäa und von Jerusalem gekommen waren; und die Kraft des Herrn war da, um sie zu heilen. 18 Und siehe, Männer trugen auf einer Liegematte einen Menschen, der gelähmt war; und sie versuchten ihn hineinzubringen und vor ihn zu legen. 19 Und da sie wegen der Menge keine Möglichkeit fanden, ihn hineinzubringen, stiegen sie auf das Dach und ließen ihn mit der Liegematte durch die Ziegel hinunter in die Mitte vor Jesus. 20 Und als er ihren Glauben sah, sprach er zu ihm: Mensch, deine Sünden sind dir vergeben! 21 Und die Schriftgelehrten und Pharisäer fingen an, sich Gedanken zu machen, und sprachen: Wer ist dieser, der solche Lästerungen ausspricht? Wer kann Sünden vergeben als nur Gott allein? 22 Da aber Jesus ihre Gedanken erkannte, antwortete er und sprach zu ihnen: Was denkt ihr in euren Herzen? 23 Was ist leichter, zu sagen: Deine Sünden sind dir vergeben!, oder zu sagen: Steh auf und geh umher? 24 Damit ihr aber wisst, daß der Sohn des Menschen Vollmacht hat, auf Erden Sünden zu vergeben – sprach er zu dem Gelähmten: Ich sage dir, steh auf, nimm deine Liegematte und geh heim! 25 Und sofort stand er auf vor ihren Augen, nahm sein Lager, ging heim und pries Gott. 26 Da gerieten alle außer sich vor Staunen, und sie priesen Gott und wurden voll Furcht und sprachen: Wir haben heute Unglaubliches gesehen!

Eine wichtige Frage, die hier gestellt werden müßte, ist folgende: Kann Jesus auch heilen, wenn Menschen ohne Medikamente wieder krank werden? Hat Jesus die Macht zu heilen? Kann er nun so heilen, dass der Mensch keine Medikamente braucht? Das ist eine Frage, die in den seltensten Fällen sofort beantwortet werden kann? Meist dauert diese Beantwortung Jahre oder Jahrzehnte, vielleicht ein Leben lang! Bitte entscheiden Sie nicht eigenmächtig, die Medikamente abzusetzen! Sondern bitten Sie Gott, welchen Weg Sie da gehen müßen, um gesund zu werden!

Kapitel 8 – Können Heilungen von selber kommen, vor allem aber wie?

Bestimmt gibt es Heilungen für Nervenkranheiten, die ohne Medikamente geschehen. Aber entspricht diese Heilung unserer Realität? Können Heilungen auch selber entstehen, wenn Sie verpöhnt sind? Was geschieht, wenn ich in einem Umfeld lebe, indem natürliche Heilungen nicht akzeptiert werden? In jeder Welt gibt es Spielregeln, die eingehalten werden müßen:

Im 5. Buch Mose steht geschrieben:

7 Du sollst keine anderen Götter neben mir haben!

8 Du sollst dir kein Bildnis noch irgend ein Gleichnis machen, weder von dem, was oben im Himmel, noch von dem, was unten auf Erden, noch von dem, was in den Wassern ist, tiefer als die Erdoberfläche. 9 Bete sie nicht an und diene ihnen nicht! Denn ich, der Herr, dein Gott, bin ein eifersüchtiger Gott, der die Schuld der Väter heimsucht an den Kindern bis in das dritte und vierte Glied derer, die mich hassen, 10 der aber Gnade erweist an vielen Tausenden, die mich lieben und meine Gebote halten.

11 Du sollst den Namen des Herrn, deines Gottes, nicht mißbrauchen! Denn der Herr wird den nicht ungestraft lassen, der seinen Namen mißbraucht.

12 Halte den Sabbattag und heilige ihn, wie es dir der Herr, dein Gott, geboten hat! 13 Sechs Tage sollst du arbeiten und alle deine Werke tun; 14 aber am siebten Tag ist der Sabbat des Herrn, deines Gottes;

da sollst du kein Werk tun, weder du, noch dein Sohn, noch deine Tochter, noch dein Knecht, noch deine Magd, noch dein Rind, noch dein Esel, noch all dein Vieh, noch dein Fremdling, der innerhalb deiner Tore ist, damit dein Knecht und deine Magd ruhen wie du. 15 Denn du sollst bedenken, daß du auch ein Knecht gewesen bist im Land Ägypten, und daß der Herr, dein Gott, dich von dort herausgeführt hat mit mächtiger Hand und ausgestrecktem Arm. Darum hat dir der Herr, dein Gott, geboten, daß du den Sabbattag halten sollst.

16 Du sollst deinen Vater und deine Mutter ehren, wie es dir der Herr, dein Gott, geboten hat, damit du lange lebst und es dir gut geht in dem Land, das der Herr, dein Gott, dir gibt!

17 Du sollst nicht töten!

18 Du sollst nicht ehebrechen!

19 Du sollst nicht stehlen!

20 Du sollst kein falsches Zeugnis reden gegen deinen Nächsten!

21 Du sollst nicht begehren die Frau deines Nächsten; und du sollst dich nicht gelüsten lassen nach dem Haus deines Nächsten, noch nach seinem Acker, noch nach seinem Knecht, noch nach seiner Magd, noch nach seinem Rind, noch nach seinem Esel, noch nach allem, was dein Nächster hat!

Warum sind Gebote für uns wichtig? Das Einhalten der Gebote sind oft Verhaltensmuster, die heilsam sind für die Menschen! Man kann solche Dinge auch Heilungsgründe nennen! Jeder Mensch hat in seinem Leben Heilungsgründe, wenn diese akzeptiert werden, ist

Heilung möglich, wenn sie nicht akzeptiert werden, bleibt der Mensch krank!

Wenn wir in einem Umfeld leben, indem natürliche Heilungen nicht akzeptiert werden, ist mindestens ein Gegenspieler da, der diese sabotiert! Bitte streiten Sie nicht mit dem Saboteur? Das würde alles noch viel schlimmer werden. Denken Sie daran, dass es wichtig ist, dass Sie ein Augenmerk haben, darauf, dass Heilungen akzeptiert werden, dafür gibt es immer gute Gründe! Ein Heilungsgrund ist für den Menschen wie ein Passwort am PC, oder am Laptop. Es kann aus einem Verhaltensmuster bestehen, einem auswendig gelernten Vers, oder einem Lied, oder zu einer Lebensweisheit: Quäle nie ein Tier zum Scherz, denn es fühlt wie Du den Schmerz! Bitte denken Sie daran, dass Heilungsgründe aufrecht erhalten werden müßen, nur so kann es Ihnen gelingen natürliche Heilungen zu erlangen; und sich vor seelischen Mißbrauch zu schützen! Jeder Mißbrauch zerstört Ihre natürlichen Heilungen. Sie können auch aus Geboten bestehen oder aus Gewohnheiten! Nichts darf ohne Grund sein! Erzwingen Sie natürliche Heilungen nicht, sondern verzichten Sie im Streitfall darauf, das wäre besser! Lassen Sie aber nicht mit sich handeln, wenn man Ihnen das letzte Hemd ausziehen will! Denken Sie daran, die Zeit heilt alle Wunden, und Sie haben noch viel zu erleben! Werfen Sie das nicht weg! Immerhin kann es sein, dass Ihre natürlichen Heilungen ansteckend sind, und noch mehr Leute Ihrem Beispiel folgen, und die gleichen Heilungsgründe bekommen wie Sie! So sollte es doch sein, dass wir Heilungen nicht erzwingen müßen, um Gesund zu werden! Am besten erreichen Sie das durch dass Einhalten von Geboten!

Oder durch Bildung, wie das Lernen von Bibelversen, dem Singen von Liedern, irgendwelchen Erkenntnissen usw.! Oft gibt es Menschen, die es verschmähen, wenn Sie natürliche Heilungen haben! Warum eigentlich?

1. Es scheint so, dass Sie Heilung nicht verdient haben!
2. Es ist Ihnen zuviel Arbeit!
3. Die Gesellschaft akzeptiert so was nicht?
4. Heilungen werden nicht akzeptiert, weil Medikamente bequemer sind!
5. Es handelt sich um eine andere Subkultur, die sich nicht mit Ihrer verträgt!
6. Man hat Ihnen noch nicht alles verziehen!
7. Man mag Sie nicht und möchte mit Ihnen natürliche Heilungen nicht teilen.
8. Die Gefahr einer Eskalation besteht in dieser Situation.
9. Jemand in Ihrem Umfeld ist rassistisch!
10. Die Mitmenschen sind mit Ihnen total überfordert, Sie haben Ihr Konto überzogen!

Was können Sie dagegen tun? Alles was gut ist, das ist erlaubt, aber beachten Sie Medikamente absetzen geht nur, wenn Sie ein Umfeld haben, indem es natürliche Heilungen erlaubt sind! Nehmen wir mal an, Sie befinden sich in zehn Gruppen von Menschen, und in nur einer Gruppe wird eine natürliche Heilung nicht akzeptiert, dann hat das Absetzen keinen Sinn gehabt! Wenn Sie es wollen, dass Ihre Heilung der Realität entspricht, dann lassen Sie das Absetzen der Medikamente bleiben, wenn es auch nur einen Menschen gibt, der eine natürliche Heilung nicht akzeptiert! Wenn Sie meinem Rat folgen wollen, dann bitte ich Sie um folgendes: Sie sind Mitglied in einem Fußballverein, einer Faschingsgesellschaft, einem Schützenverein, einer Partei, einem Saunaclub, einer Firma als Arbeiter, einer christlichen Gemeinde, einem Schachclup, und einem Gesangsverein, und haben auch noch Familie! Dann machen Sie sich überall beliebt wo Sie sind, dass bei Ihrer Nervenkrankheit eine natürliche Heilung akzeptiert wird! Vergessen Sie nicht in dieser Situation, dass es für immer wichtig ist, über diese Problem ein Tagebuch zu führen! Lernen Sie unterscheiden, was es heißt Freunde zu haben und wie schlimm es ist Feinde zu haben! Sie brauchen Ihr Tagebuch dazu, um zu erreichen, dass Sie künstliche und natürliche Heilungen gemeinsam zu haben! Nur so ist Heilung möglich. Beide Heilungen brauchen einander und dürfen einander nicht ausschließen! Meiden Sie darum Leute, die zu Ihnen zu aggressiv sind! Vergessen Sie nicht, was Sie Gott alles verdanken! Nur wer Gott dankbar ist, wenn ihm Gott natürliche Heilungen schenkt, der kann gesund werden. Denken Sie daran, wenn Sie etwas wollen und es kostet was, weil es für Sie heilsam ist, dann gibt es zwei Möglichkeiten: Verzichten oder Bezahlen!

Zu guter Letzt wollte ich noch erwähnen, dass es in unserer Welt höhere Mächte gibt, die dazwischen funken, wenn es für uns natürliche Heilungen gibt! In einem solchen Fall werden natürliche Heilungen nur sehr schwer realisierbar, und nur wenn Sie sich in einer solchen Situation korregt verhalten , werden natürliche Heilungen wahr!

Kämpfen Sie um Ihr Leben, das ist wichtig, sonst kommt der Teufel und macht Ihr Leben kaputt! In der Bibel steht, der Teufel ist wie ein brüllender Löwe, der sucht wenn er verschlingen wird! Das steht im 1. Petrusbrief Kapitel 5 Vers 8!

Falls Sie dies für Amenmärchen halten, hören Sie gut zu, es wird Ihr Leben für immer verändern! Sie wollten wissen was hat Gott mit unseren natürlichen Heilungen zu tun und was hat der Teufel damit zu tun, dass es keine natürlichen Heilungen gibt? Können Sie das verstehen?

Kapitel 9 – Hier kommt eine Risikofrage auf Sie zu? Wieviel setzen Sie ?

Wenn nervenkranke Menschen behandelt werden mit Neuroleptika, dann sind das künstliche Heilungen! Dass ist etwas anderes als natürliche Heilungen. Warum ist das so? Diese Heilung ist von Menschen gemacht. Man muß also keine schwierigen Therapien machen um Gesund zu werden. Sie ist etwas sicherer als natürliche Heilungen. Auch kommt man an natürliche Heilungen nicht so leicht hin, wie an medikamentöse Behandlungen. Medikamente sind viel bequemer als Therapien. Sie sind arbeitsaufwendiger, und für die künstlichen Heilungen keine Konkurrenz. Wer würde im Tante Emmaladen einen Liter Milch kaufen, wenn im Supermarkt der Liter die Hälfte kostet. Wohl nur, der keine andere Gelegenheit hat! So ist es auch mit den natürlichen Heilungen und künstlichen Heilungen. Man weiß sie erst zu schätzen, wenn man keine anderen Heilungen hat, aber das absetzen von Medikamenten hilft nur, wenn ein Umfeld geschaffen wird, indem natürliche Heilungen verfügbar sind? Wenn man ohne ein solches Umfeld die Medikamente absetzt, wird man davon krank werden, das sollte man niemals vergessen! Außerdem sind Medikamente bequemer als natürliche Heilungen, darum könnte ein Gewohnheitseffekt auftreten. Beruhigungsmittel verschaffen dem Patienten eine Heilung, die in der Natur des Menschen nicht vorgesehen ist! Sie haben einen größeren Wirkungsgrad als natürliche Heilungen. Jeder Mensch der sich gegen künstliche Heilungen stellt, wird es damit schwer haben. Es handelt sich darüber um eine Risikofrage! Früher gab es keine Neuroleptika und man war auf Heilungen angewiesen, die von selber kamen, die zufällig kamen, durch Therapien kamen. Oft hatten es die Menschen schwer gesund zu werden. Man sperrte Sie aus Angst weg, dass die Patienten womöglich krankheitsbedingt Straftaten begingen. Die Krankheit führte viele Menschen ins Verderben.

Hier ein Beispiel, wie es Menschen damals erging, als sie nervenkrank waren! König Ludwig der II. Von Bayern, hatte folgendes Schicksal:

Der Reihe nach: Mit seinen Schlossbauten und diversen anderen Ausgaben strapazierte Ludwig die Kabinettskasse so arg, dass sich der Schuldenberg 1884 bereits auf über acht Millionen Reichsmark türmte. Spätestens jetzt war für die Minister gesteigerter Handlungsbedarf gegeben - schon allein deswegen, weil sie ihre eigene Macht und das Ansehen Bayerns gefährdet sahen. Ohnehin hielt man Ludwig mittlerweile für einen Verrückten, dessen man sich entledigen sollte. Ein Wahnsinns-Gutachten kam dann auf den König zu!

Was tun, das war die große Frage - hatten doch die Bayern in Sachen Königssturz keine große Erfahrung. Ludwig die Abdankung nahe legen, das wagte man nicht. Da kam man schließlich auf die Idee der Entmündigung. Dazu musste man ihn zwar für geisteskrank erklären, aber angesichts seiner Bizarrerien erschien das den Verantwortlichen durchaus plausibel. Gesagt, getan: Ministerpräsident Johann von Lutz beauftragte im März 1886 Obermedizinalrat Dr. Bernhard von Gudden, seines Zeichens Spezialist für Gehirnanatomie (sprich: Irrenarzt), ein Gutachten über Ludwigs Geisteszustand zu erstellen.

Am Ende war er nur noch ein Schatten.

Da man den König schlecht zum Arzttermin einbestellen konnte, fertigte von Gudden seine "Expertise" mit dem gewünschten Ergebnis in Ludwigs Absenz an. Das genügte, um dessen Regierungsunfähigkeit festzustellen und Prinzregent Luitpold die Regierungsgeschäfte zu übertragen. Ob Ludwig tatsächlich geisteskrank war, ist bis heute umstritten.

Immer wieder wurden posthum Diagnosen gestellt, in der Tat meist mit dem Ergebnis: paranoide Schizophrenie. Zumindest scheint der in seinen letzten Jahren völlig Vereinsamte an Halluzinationen gelitten zu haben. Ohne Zweifel baute er physisch stark ab. Er aß unmäßig und ungesund, trank viel Alkohol. Sein einst schlanker Körper war aufgedunsen und fast alle Zähne fielen ihm aus. Zum Schlafen benötigte er Medikamente. Am Ende war er nur noch ein Schatten früherer Tage.

Am Abend des 13. Juni 1886, um 18.45 Uhr verließen beide das Schloss, doch aus unbekannten Gründen verzichtete von Gudden diesmal auf Schutzbegleitung.

Als sie um 20 Uhr trotz mittlerweile starken Regens immer noch nicht zurück waren, wurde man im Schloss langsam unruhig. Alle verfügbaren Kräfte durchsuchten nun den Park. Mit einem Fischerkahn fuhr man das Seeufer ab. Gegen 23 Uhr stieß man auf einen im Wasser treibenden toten Körper: der König in Hemdsärmeln. Daneben schwamm eine zweite Leiche, die des vollständig bekleideten von Gudden. Ludwigs Uhr war um 18:54 Uhr stehengeblieben. Die Obduktion ergab bei ihm keine Verletzungen. Von Guddens Gesicht wies Kratzwunden und einen blauen Fleck auf.

Was geschehen war blieb ein Rätsel, lediglich der Tod von König Ludwig dem II. Von Bayern und seines Arztes wurden bekannt! (Bericht aus der Google Suchmaschine)!

Was geschieht mit Menschen, wenn Sie die Fähigkeit verlieren natürliche Heilungen zu akzeptieren? Denken wir dabei an die moderne Landwirtschaft! Irgendwann einmal würde man die Menschen genauso behandeln, wie das Mastvieh im Stall! Man wird dem Mastvieh nichts besseres vergönnen, genauso wird man den Patienten keine natürlichen Heilungen vergönnen. Sie werden davon isoliert. Man wird sie aus der Gesellschaft ausgrenzen und sozial deklassieren. Wenn nun neue Menschen nervenkrank sind, wird es Ihnen genauso gehen, darum könnte es sein, dass aus diesem Grund ein neuer Patient auch nervenkrank wird. Die ganze Sache eskaliert, wenn man einem Patienten sagt, dass er sich entscheiden muß zwischen künstlichen und natürlichen Heilungen! Eine derartige Risikofrage zerstört das Gleichgewicht der Seele und ist für sie Gift! Wenn dadurch Verhaltensmuster entstehen, die natürliche Heilungen nicht akzeptieren, nimmt das Unheil seinen Lauf! Man vermeidet diese immer mehr und mehr! Können Sie das verstehen? Wissen Sie was das heißt? Welche Auswirkungen wird es haben, wenn natürliche Heilungen verpöhnt sind? Durch die Medikamente entstehen unter anderem Erinnerungslücken, die auch von der Krankheit kommen! Das trifft den Patienten besonders stark. Da hilft nur eines nämlich kognitives Training! Besonders schlimm ist es, dass das Schließen von Erinnerungslücken eine natürliche Heilung ist! Kann es sein, dass

Erinnerungslücken bei anderen Menschen auch auftreten, wenn diese es verlernen natürliche Heilungen zu akzeptiern?

Der Grund warum es keine natürlichen Heilungen gibt, ist die Grausamkeit des Menschen!

Als "Nationalsozialismus" bezeichnete sich eine politische Bewegung, die in Deutschland nach dem Ersten Weltkrieg, der 1918 zu Ende war, entstand. Die Nationalsozialisten machten sich die Not der Menschen zunutze und verfolgten ihre undemokratischen Ziele mit großem Fanatismus. Es war eine Diktatur!

Von einer Einzelperson oder einer Gruppe uneingeschränkt Macht ausgeübt wird, berufen sich Diktatoren bzw. diktatorische Regime auf einen äußeren oder inneren Staatsnotstand, der die Etablierung nicht legitimer Herrschaft rechtfertigen soll; sie dienen aber i. d. R. nur der (unkontrollierten) Durchsetzung der Interessen und Überzeugung.

Der Nationalsozialismus betrieb von 1933 bis 1945 den Holocaust der Juden und anderen Menschengruppen.

Das Wort "Holocaust" stammt von dem griechischen Wort "holókaustus" und bedeutet "völlig verbrannt". Der Begriff wird verwendet, wenn von der systematischen Vernichtung ganzer Bevölkerungsgruppen während des Nationalsozialismus gesprochen wird.

Der Nationalsozialismus tötete über 6 Millionen Juden, in ihren Vernichtungslagern! Wie viele Überlebende gab es in Auschwitz?

Von den Deportierten haben das Lager 223.000 lebend wieder verlassen. Es wurden 188.000 Registrierte und 25.000 nicht Registrierte in andere Konzentrationslager verlegt. Insbesondere bei den Todesmärschen in der letzten Kriegsphase sind viele dieser Häftlinge während des Transportes ums Leben gekommen.

Am 27. Januar 1945 befreite die Rote Armee die Gefangenen des Konzentrationslagers. Der Jahrestag der Befreiung wurde 1996 auf Initiative des damaligen Bundespräsidenten Roman Herzog offizieller deutscher Gedenktag für die Opfer des Nationalsozialismus. (Aus der Suchmaschine Google!)

Man kann die Zeit des Nationalsozialismus auch als einen kollektiven Wahn bezeichnen! Diesem Wahn waren mehr als hundert Millionen Deutsche verfallen! Hatten die Menschen, die damals die NSDAP gewählt hatten, den gleichen Wahn wie die Nazis? War der Führer Adolf Hitler auch wahnsinnig? Vermutlich hatte er eine paranoide Schizophrenie! Hier sein Lebenslauf:

Adolf Hitler war ein deutscher Politiker österreichischer Herkunft und von 1933 bis zu seinem Tod Diktator des Deutschen Reichs.

Geboren: 20. April 1889, Braunau am Inn, Österreich

Verstorben: 30. April 1945, Ehemaliger Standort des "Führerbunkers"

Geschwister: Paula Hitler, Otto Hitler, Edmund Hitler, Angela Hammitzsch, Gustav Hitler, Ida Hitler, Alois Hitler junior

Eltern: Alois Hitler, Klara Hitler

Ehepartnerin: Eva Braun (verh. 1945–1945)

Größe: 1,75 m

(Lebenslauf aus der Suchmaschine)

Bestimmt hatte seine Krankheit einen Auslöser! Woher kam sein Antisemitismus, den er hegte und pflegte! In seiner Jugend wollte er Kunst studieren, aber es waren Juden, die ihm das verwehrten! Aus diesem Umstand wollte er sich an den Juden rächen! Er führte einen groß angelegten Krieg in Europa um das jüdische Volk auszurotten. Am Schluß nahm er sich das Leben, mit einer Pistole und seine Frau nahm Gift! Wissen Sie nun, was passiert, wenn man Nervenkrankheiten nicht behandelt?

Kapitel 10 – Wie kann man ein Umfeld schaffen, indem es natürliche Heilungen gibt?

Immerhin kann man ein Umfeld schaffen, indem natürliche Heilungen akzeptiert werden!

1. In der Natur des Menschen sind immer natürliche Heilungen vorhanden, man muß nur dafür sorgen, dass sie akzeptiert werden, dann werden sie zu Tage treten!

2. Der unbewußte Eindruck ist in diesem Fall wichtiger als der Bewußte! Denn in dem unbewußten Eindruck befinden sich die natürlichen Heilungen. Wir Menschen haben dafür einen Riecher oder ein Gespühr. Darauf können wir bauen und Heilungen realisieren!

3. Wir Menschen haben Talente, die wir nutzen sollten. Sie sind uns von Gott gegeben. Wir können gemeinsam mit anderen Menschen musizieren, Bücher lesen, z.Bsp. die Bibel , und gemeinsam beten. Wenn wir verheiratet sind, können wir die Hausarbeit gemeinsam brüderlich teilen, nämlich 50 % zu 50 %! Unsere Hobbys sind auch wichtig. Bilden können wir uns genauso. Soziale Kontakte werden auch wichtig sein. Bestimmt können wir uns in einen tranceartigen Zustand versetzen. Usw...

4. Lassen wir es zu, dass wir für andere Menschen da sind. Vor allem wenn uns jemand braucht. Gerade, wenn jemand suicid begehen will, braucht er unsere Hilfe. In gefährlichen Situationen braucht jemand unsere Hilfe. Wenn jemand nervenkrank ist, ist er auf Hilfe angewiesen. Auch ein Besuch in der Psychiatrie ist

sehr wichtig. Wenn ein Mensch im Sterben liegt, dann braucht er uns! Selbst an seinem Geburtstag braucht der Mensch uns.

5. Bitte suchen Sie Ihre Gewohnheiten, und tun Sie diese mit Freuden, dann wird es Ihnen wieder gut gehen!

6. Lernen Sie aus Ihren Fehlern, und nehmen Sie dumme Züge zurück bevor sie diese in die Tat umsetzen!

7. Begreifen Sie den Ernst der Lage, wenn der Teufel seine Hände im Spiel hat. Bitte bleiben Sie niemanden etwas schuldig, wenn es möglich ist, dann hat der Teufel keine Macht mehr über Sie!

8. Betreiben Sie jeden Tag kognitives Training. Mit einer Viertel Stunde oder einer ganzen Stunde ist schon viel getan. Dann wird Ihnen geholfen werden. Wenn Sie schwer psychotisch sind, können Sie acht Stunden Gehirnjogging am Tag machen, damit es Ihnen besser geht! Dann kommen Sie von Ihren Ängsten und Psychosen runter!

9. Die menschliche Sexualität verschafft Ihnen ein Umfeld, in dem natürliche Heilungen möglich sind! Bitte befolgen Sie die Wünsche Ihres Partners! Ebenso sagen Sie ihm Ihre Wünsche.

10. Man kann stolz auf Sie sein, wenn Sie nichts mehr vergessen, und wenn Sie sich neues merken können! Es ist alles eine Frage der Akzeptanz, dann können Sie wieder gesund werden! Vor allem, wenn Sie ein Umfeld schaffen in dem natürliche Heilungen wieder verfügbar sind! Bitte denken Sie daran, die Zeit heilt alle Ihre Wunden, wenn es Ihnen gelingt ein Umfeld zu schaffen, in dem natürliche Heilungen verfügbar sind! Wenn Ihnen das gelingt, dann können Sie stolz auf sich sein!

Danken Sie dem Lieben Gott dafür! Dann wird es Ihnen wieder gut gehen, in Ihrer kranken und geheilten Seele!

Kapitel 11 – Wie kann man sich entspannen, und welchen Sport darf man treiben?

Entspannungstechniken und Sport:

Qigong, Tai-Chi oder Joga werden oft als Kurse angeboten, und teilweise von der Krankenkasse bezahlt.

Am einfachsten zu lernen ist die progressive Muskelentspannung nach Jacobsen. Edmund Jacobsen hatte in den 30 er Jahren festgestellt, dass nach einer Muskelanspannung eine Muskelentspannung erfolgt. Das hat Auswirkungen auf die Psyche des Menschen. Bei dieser Methode spannt man z. Bsp. Die Fäuste zusammen, sieben Sekunden lang mit voller Kraft, und entspannt sie dann wieder. Nach dreißig Sekunden ballt man die Fäuste nur mit halber Kraft und spürt den Unterschied! Nach diesem Prinzip kann man die verschiedenen Muskeln des menschlichen Körpers an- und ausspannen. Dazu gehört der Arm, die Gesichtsmuskeln, der Nacken, die Schultern, der Rücken, die Beine und die Zehen, auch die Bauchmuskeln und Brustmuskeln. Einfach alle Muskeln des Körpers!

Das Autogene Training ist eine sehr ruhige Übung, die auf der Kraft der Gedanken beruht. Atemübungen, Ruheübungen, Wärmeübungen werden kombiniert. Man kann es in Kursen lernen!

Qigong stammt aus der Chinesischen Medizin. Es ist eine Arbeit an Lebensenergie, kurz Qi genannt. Die verschiedenen Übungen sollen

Ausgeglichenheit, Gesundheit und Wohlbefinden verfügbar machen. Sie sprechen sowohl das Bewußtsein als auch das Unbewußte an! Acht Übungen gelten als die Ältesten , des Qigong!

Tai- Chi gehört ebenfalls zur chinesischen Medizin. Der Übende kämpft mit beiden Händen und Waffen gegen einen unsichtbaren Gegner! Diese Methode trainiert Körper und Geist. Man lernt Bewegungen mit voller Aufmerksamkeit durch zu führen. Täglich 20 Minuten, sorgen die Gelassenheit eines Weisen herbei, die Kraft eines Holzfällers und die Geschmeidigkeit eines Kindes! Auch das lernt man besser in Kursen.

Yoga besteht aus einer 3000 jährigen indischen Lehre! Es besteht aus geistigen und körperlichen Übungen. Es soll das Zusammenspielen beider harmonisieren, Mit bestimmten Atmungstechniken soll die Empfindung zwischen Körper uns Seele herbeigeführt werden! Bestimmte Übungen fördern die Beweglichkeit, trainieren die Muskeln und die Darmmotorik! Zusammen mit den Atmungstechniken verbessern Sie die Lungenfunktion. Joga ist bei Streß sehr hilfreich. Es besteht aus verschiedenen Stilrichtungen! Joga kann die Erhaltung der Gesundheit herbeiführen! Alles aus dem Buch: Meine besten Hausmittel von Dr. Franziska Ruben!

Nützlich für die Erlangung der psychischen Gesundheit ist auch Sport. Dazu gehören Schwimmen, Radfahren, Power-Walking, Gymnastik und Spiele, wie Fußball, Handball. Usw.! Sie können mit viel Sport etwas tun, für Ihre kranke Seele und Ihren kranken Körper. Der Sport ist gut für Körper, Seele und Geist! Bitte vergessen Sie das nicht! Auch wer im Rollstuhl sitzt, kann noch Sport betreiben! Es ist gut für den psychischen und geistigen Verstand!

Kapitel 12 – Welche mögliche, pflanzliche Beruhigungsmittel gibt es, wie zum Beispiel Beruhigungstee?

Es gibt heilende Tees aus Bachblüten: Die Essenz des Enzians gibt dem Teetrinker möglicherweise Selbstvertrauen. Die Stechpalme kann gegen Schlaflosigkeit helfen. Bachblühtentees können bei den verschiedenen gesundheitlichen nervlichen Beschwerden helfen. Behandelt wird aus vier bis fünf Essenzen. Die positive Wirkung des Johanniskraut ist bei leichten Depressionen bewiesen. Es kann langfristig zur Stimmungsaufhellung beitragen. In den Wintermonaten hilft es nach dem Teetrinken einen ausgiebigen Spaziergang zu machen. Am besten tut man morgens und abends einen Teelöffel Johanniskraut mit heißem Wasser übergießen und anschließend 10 Minuten ziehen lassen. Es gibt auch Fertigpräparate vom Johanniskraut. Es verträgt sich nicht mit Sonnenbädern. Mit Medikamenten, die das Immunsystem unterdrücken kann es zu unterschiedlichen Wechselwirkungen kommen. Stimmungsschwankungen im Winter kommen daher, dass die Zwirbeldrüse im Gehirn das schlaffördernde Hormon Melatonin ausschüttet. Bei Schlafstörungen gibt es Tees, zu trinken, die aus Baldrian sind. Warme Milch mit Honig hilft ebenfalls zum Einschlafen. Auch ein warmes Bad vor dem Schlafengehen kann helfen, mit Melisenblättern, Hopfenzapfen und Lavendelblüten, Man übergießt zwei Hand voll mit zwei Litern kochendem Wasser, läßt es 20 Minuten ziehen zugedeckt, dann gießt man das ganze abgeseiht in eine Badewanne mit 39 Grad heißem Wasser! Dann kann man ein schlafförderndes Bad nehmen.

Pflanzliche Schlafmittel sind in der Form von Kapseln, die enthalten in der Regel Baldrianwurzeln, Pommeranzenschalen, Hopfenzapfen, Melisenblätter und Pfefferminzblätter! Evtl. noch eine Passionsblume beigegeben. Der traditionelle Beruhigungstee besteht aus folgender Mixtour: 40 gr. Baldrianwurzel, 10 gr. Pommeranzenschalen, 20 gr. Hopfenzapfen, 15 gr. Melisenblätter und 15 gr. Pfefferminzeblätter pro einer Kanne Tee , bei Bedarf auch mehr! Diesem Beruhigungstee sollte man eine Stunde vor dem Schlafengehen trinken, indem man ihm zugedeckt 15 Minuten hat ziehen hat lassen.

Aus dem Buch: Meine besten Hausmittel von Dr. Franziska Rubin. Wer sich mehr für heilende Tees und Bachblütenmedikamente interessiert, der kann im Internet oder im Buchhandel erkundigen. Es gibt jede Menge pflanzlicher Stoffe, die bei Nervenkrankheiten helfen!

Kapitel 13 – Wie kann man Energie bekommen an der Arbeit und was muß man tun, um immer genug Energie zu haben bei der Arbeit?

Wie kann man bei der Arbeit kraft sparen?

1. Oft sind Arbeiten sehr anstrengend. Dann empfiehlt es sich, die Arbeit in Etappen einzuteilen, denn kleine Etappen tun nicht so weh, wie die großen Etappen.
2. Bitten Sie andere Menschen Ihnen bei der Arbeit zu helfen, und seien Sie dafür dankbar.
3. Planen Sie nur soviel Tätigkeiten ein, die Sie auch bewältigen können. Das liegt immer an Ihrem Energiestand, den Sie haben. Haben Sie viel Energie, dann können Sie viel tun, haben Sie wenig Energie, dann tun Sie weniger!
4. Befreien Sie sich von der Arbeitsunlust, am besten durch einen höflichen Umgangston bei der Arbeit, denn schlechter Umgang an der Arbeit zerstört die Arbeitsmoral.
5. Machen Sie Ihren Arbeitskollegen an der Arbeit eine Freude, indem Sie einen Kuchen backen an Geburtstagen, an heißen Tagen könnten Sie ein Eis spendieren. Oder bei einer anderen Gelegenheit ein Bier ausgeben nach Feierabend!
6. Suchen Sie Hobbys, die Ihnen Kraft geben, Hobbys können sein Malen oder Schreiben, etwas Basteln, etwas Backen, Blumen pflegen und was feines Kochen.
7. Bitte seien Sie fleißig und ein Vorbild für andere Menschen, damit andere Menschen Stolz auf Sie sein können.

8. Kontern Sie, wenn Sie jemand Sie ums Ohr haut, denn jeder Arbeiter ist seines Lohnes wert!

9. Trinken Sie öfters was, außer Alkohol, denn das wird Ihnen gut tun. Wasser, Saft, oder Milch, Tee oder Kaffee, damit Ihr Körper nicht austrocknet. Durch das Austrocknen des Körpers entsteht natürlich Kraftlosigkeit.

10. Beten Sie jeden Tag um die nötige Kraft, die Sie für die Arbeit brauchen.

11. Helfen Sie immer anderen Menschen, wenn diese Ihre Arbeitskraft brauchen, das wäre sehr nett und verschafft Ihnen wieder etwas mehr Energie. Beim Versuch Energie zu speichern, ohne geholfen zu haben, werden sie scheitern!

12. Wenn es für einen guten Zweck ist, können Sie auch mal umsonst arbeiten, das verschafft Ihnen auch wieder Energie. Beim Versuch Energie zu speichern, ohne für einen guten Zweck zu arbeiten, werden Sie scheitern.

13. Bitte geniesen Sie an der Arbeit jeden einzelnen Ihrer Arbeitsschritte, damit verschaffen Sie sich wieder Power!

14. Planen Sie jeden Tag vorher alle Ihre Arbeitsschritte, die Sie an diesem Tag machen möchten!

Kapitel 14 – Was kann man tun, wenn es jemanden gibt, der Dir nicht eine natürliche Heilung Deiner Nervenkrankheit vergönnt?

Wie kannst Du Dich wehren, wenn jemand Dir keine natürlichen Heilungen Deiner Nervenkrankheit vergönnt?

1. Versöhne Dich mit diesem Menschen, und finde den Grund heraus, warum er Dir keine natürlichen Heilungen vergönnt! Schlage diesen Grund aus, damit er nicht mehr zwischen Euch steht.
2. Denke daran, ein nervenkranker Mensch kann böses getan haben, und man hat den Verdacht, dass Du auch so böse Sachen tust, weil Du auch nervenkrank bist.
3. Beweise den Mitmenschen, dass Du eine Heilung verdienst, damit man Dir wieder natürliche Heilungen vergönnt.
4. Denke daran, dass andere Menschen für Dich eine Konkurrenz sind, wenn sie nervenkrank sind, wenn Du besser sein mußt als sie, um natürliche Heilungen zu erlangen.
5. Zerstören Sie nicht Ihr Leben, wenn andere Menschen besser sind als Sie, denken Sie daran, sie müssen besser sein als sie!
6. Befreie Dich von Flüchen, die Du oder andere Menschen über Dich ausgesprochen haben. Immerhin wird es wahr sein, dass Du eine natürliche Heilung haben kannst, wenn Du diese Flüche aus der Welt schaffen kannst.

7. Gehe mit gutem Beispiel voran, dann kann es sein, dass Deine Mitmenschen es Dir vergönnen werden, natürliche Heilungen zu haben.

8. Sei erfinderisch um natürliche Heilungen zu bekommen, darum sei ein guter Schauspieler, aber gehe nicht schlecht mit anderen Menschen um.

9. Schau dass man durch Deine Mitmenschen gezeigt bekommt, dass Du solche Heilungen verdient hast!

10. Bitte geh mit natürlichen Heilungen immer so um, dass sie etwas sehr kostbares sind.

11. Befreie Dich von Zwängen, die es Dir verbieten natürliche Heilungen zu haben.

12. Sei mit Heilungen spendabel, damit man für Dich auch spendabel ist. Frei nach dem Motto: „Wie Du mir, so ich Dir!"

13. Beweise den Menschen auf der Erde, wie wichtig für sie natürliche Heilungen sind!

14. Behandle alle Menschen fair, was natürliche Heilungen betrifft, damit Du immer fair behandelt wirst.

Die Heilung von zwei Besessenen wurde von den Juden nicht akzeptiert: Im Matthäus Kapitel 8 steht:

28 Und als er ans jenseitige Ufer in das Gebiet der Gergesener kam, liefen ihm zwei Besessene entgegen, die kamen aus den Gräbern heraus und waren sehr gefährlich, so daß niemand auf jener Straße wandern konnte. 29 Und siehe, sie schrien und sprachen: Was haben wir mit dir zu tun, Jesus, du Sohn Gottes? Bist du hierher gekommen, um uns vor der Zeit zu quälen?

30 Es war aber fern von ihnen eine große Herde Schweine auf der Weide. 31 Und die Dämonen baten ihn und sprachen: Wenn du uns austreibst, so erlaube uns, in die Schweineherde zu fahren! 32 Und er sprach zu ihnen: Geht hin! Da fuhren sie aus und fuhren in die Schweineherde. Und siehe, die ganze Schweineherde stürzte sich den Abhang hinunter in den See, und sie kamen im Wasser um.

33 Die Hirten aber flohen, gingen in die Stadt und verkündeten alles, auch was mit den Besessenen vorgegangen war. 34 Und siehe, die ganze Stadt kam heraus, Jesus entgegen. Und als sie ihn sahen, baten sie ihn, aus ihrem Gebiet wegzugehen.

Im Matthäus Kapitel 26 steht folgendes über Jesus geschrieben: Die Gefangennahme Jesu!

47 Und während er noch redete, siehe, da kam Judas, einer der Zwölf, und mit ihm eine große Schar mit Schwertern und Stöcken, [gesandt] von den obersten Priestern und Ältesten des Volkes. 48 Der ihn aber verriet, hatte ihnen ein Zeichen gegeben und gesagt: Der, den ich küssen werde, der ist's, den ergreift! 49 Und sogleich trat er zu Jesus und sprach: Sei gegrüßt, Rabbi! und küßte ihn. 50 Jesus aber sprach zu ihm: Freund, wozu bist du hier? Da traten sie hinzu, legten Hand an Jesus und nahmen ihn fest.

Warum wurde Jesus gefangen genommen und später getötet? So wollte Jesus doch den Menschen das Heil bringen, und es geschah das Gegenteil, sie lehnten Jesus ab, genauso gibt es auch Menschen, dennen man eine natürliche Heilung nicht vergönnt?

Die Verurteilung Jesu durch die Volksmenge, Matthäus Kapitel 27:

15 Aber anläßlich des Festes pflegte der Statthalter der Volksmenge einen Gefangenen freizugeben, welchen sie wollten. 16 Sie hatten aber damals einen berüchtigten Gefangenen namens Barabbas. 17 Als sie nun versammelt waren, sprach Pilatus zu ihnen: Welchen wollt ihr, daß ich euch freilasse, Barabbas oder Jesus, den man Christus nennt? 18 Denn er wußte, daß sie ihn aus Neid ausgeliefert hatten.

19 Als er aber auf dem Richterstuhl saß, sandte seine Frau zu ihm und ließ ihm sagen: Habe du nichts zu schaffen mit diesem Gerechten; denn ich habe heute im Traum seinetwegen viel gelitten!

20 Aber die obersten Priester und die Ältesten überredeten die Volksmenge, den Barabbas zu erbitten, Jesus aber umbringen zu lassen. 21 Der Statthalter aber antwortete und sprach zu ihnen: Welchen von diesen beiden wollt ihr, daß ich euch freilasse? Sie sprachen: Den Barabbas! 22 Pilatus spricht zu ihnen: Was soll ich denn mit Jesus tun, den man Christus nennt? Sie sprachen alle zu ihm: Kreuzige ihn! 23 Da sagte der Statthalter: Was hat er denn Böses getan? Sie aber schrien noch viel mehr und sprachen: Kreuzige ihn!

24 Als nun Pilatus sah, daß er nichts ausrichtete, sondern daß vielmehr ein Aufruhr entstand, nahm er Wasser und wusch sich vor der Volksmenge die Hände und sprach: Ich bin unschuldig an dem Blut dieses Gerechten; seht ihr zu! 25 Und das ganze Volk antwortete und sprach: Sein Blut komme über uns und über unsere Kinder! 26 Da gab er ihnen den Barabbas frei; Jesus aber ließ er geißeln und übergab ihn zur Kreuzigung.

Man lehnte Jesus so sehr ab und lies Ihn lieber kreuzigen, als durch in das Heil für die Menschheit an zu nehmen, genauso kann es Ihnen gehen, wenn Sie natürliche Heilungen haben wollen!

Kapitel 15 – Was kann man tun, wenn man versteckte Aggressionen hat?

*W*arum haben wir Menschen versteckte Aggressionen und was kann man dagegen tun? Durch versteckte Aggressionen können Menschen nervenkrank werden. Wenn die Menschen davon gesund werden wollen, dann müssen Sie diese Aggressionen offen gelegt werden!

Versteckte Aggressionen entstehen durch Meinungsverschiedenheiten. Weil die Menschen Meinungsverschiedenheiten haben, über das Erreichen eines bestimmten Zieles oder weil Sie unterschiedliche Ziele haben, entstehen unter Umständen versteckte Aggressionen. Das beruht darauf, dass die Menschen unterschiedliche Meinungen haben oder unterschiedliche Ziele, die ein Geheimniss bleiben sollen. Man fürchtet durch ein Offenlegen der Aggressionen, dass die Sache eskaliert!

Wir Menschen haben alle unsere Probleme, die zu Konflikten führen können! Wir fürchten uns vor dem Offenlegen dieser dadurch entstehenden Aggressionen, dass die Lösung dieser Konflikte sabotiert wird!

Bei einem Streit um bestimmte Objekte kann es zu versteckten Aggressionen kommen. Wir trauen uns nicht diese Aggressionen offen zu legen, weil wir Angst haben diese Objekte zu verlieren! Was würde geschehen, wenn bei einem Offenlegen dieser Aggressionen wir das Streitobjekt verlieren?

Wenn wir aus Zorn handeln und uns vor der Offenlegung der Aggressionen fürchten, dann wollen wir damit erreichen, dass der Gegner nicht vor uns gewarnt wird! Wir möchten ihn dann überraschend besiegen!

Wer eine große Wut im Bauch hat, der hat bestimmt Angst, dass er mit seinen Aggressionen bloß gestellt wird. Er möchte sich nicht unbedachterweise mögliche Neue Feinde verschaffen! Er möchte nicht den Sieg verlieren, über den anderen Menschen, auf die er wütend ist!

Ein verlorener Krieg ist ein einschneidenes Erlebnis! Man hungert, man dürstet, man friert und man ist verletzt, oder sogar Tod! In einem Krieg gibt es immer versteckte Aggressionen und offene Aggressionen, die sich ständig abwechseln, damit man diese Kriege meidet, steht in der Bibel, dass wir Menschen mit anderen Menschen Frieden halten können! Dass steht in der Bibel im Römerbrief Kapitel 12! Versteckte Aggressionen in einem Krieg offen legen, heißt nur dass es weitere offene Aggressionen gibt!

Wer Angst hat einen falschen Kurs durch sich und andere, einzuschlagen, der bekommt davon meistens versteckte Aggressionen, das ist so sicher wie das Amen in der Kirche!

Wenn Kinder oder Erwachsene mangelnde Zuwendungen bekommen, können dadurch versteckte Aggressionen entstehen! Weil Sie Angst davor haben, noch weniger Zuwendung zu bekommen, wenn die Aggressionen offen gelegt werden können!

Oft kann es sein, dass wir Menschen nicht richtig verstanden werden! Dann kann das auch zu versteckten Aggressionen führen!

Bitte werfen Sie anderen Menschen keine böse Blicke und böse Gesten zu, das führt auch zu versteckten Aggressionen!

Wer ein mal in der Psychiatrie war oder im Gefängnis, oder einem Kriegsgefangenenlager, der kann davon ein Lieddchen singen, wenn er verstecke Aggressionen hatte, es ist nicht empfehlentswert solche Aggressionen unbedacht offen zu legen, damit die Sache nicht eskaliert!

Wer 10 Stunden Arbeit hat am Tag und nur zwei Stunden Energie hat, der kann dadurch versteckte Aggressionen bekommen! Wer die Aggressionen dann offen legt, der hat Angst, dass alles noch schlimmer wird! Man nennt das Problem ein Energieenervieren!

Wer gegen bestehende Vorschriften handelt, kann sowohl versteckte als auch offene Aggressionen haben, und man gegen diesen Menschen auch!

Was soll man gegen versteckte Aggressionen unternehmen?

1. Schauen wir uns die verschiedenen Meinungen an!
2. Für Konflikte gibt es Lösungen!
3. Bei einem Streit gibt es bestimmt einen Schlichter!
4. Bei Zorn gibt es nur eine baldige Versöhnung oder die Sache eskaliert!
5. Bei innerer Wut gibt es rücksichtsvolle Lösungen
6. Bei Frieden und Krieg gibt es nur einen baldigen Frieden als Lösung!
7. Neue Kurse im Leben müssen gemeinsam eingeschlagen werden.
8. Bei mangelnder Zuwendung hilft nur mehr Zuwendung!
9. Bei Missverständnissen hilft nur besseres Verständnis!
10. Bitte schneiden Sie niemals böse Grimmasen!
11. Verlorene Freiheit kann nur durch ein zurückbesinnen auf frühere Freiheit erreicht werden!
12. Bei geringer Arbeitsenergie hilft nur Erholung, weniger Arbeit, keine Aggressionen mehr egal ob versteckte oder offene Aggressionen, und ein Einteilen der Arbeit, dass es nicht weh tut!
13. Bei einem Konflikt durch bestehende Vorschriften, kann es sein, dass die Menschen unversöhnlich sind, dann hilft nur eine Trennung oder eine Versöhnung!

Bitte machen Sie aus Ihren versteckten Aggressionen das beste, damit Ihre Energie nicht verloren gehen wird, die Sie dringend brauchen, um natürliche Heilungen zu bekommen! Bitte vergessen Sie das niemals in Ihrem Leben!

Kapitel 16 – Ist die menschliche Sexualität heilend für nervenkranke Menschen?

Ist Sex gut für eine Heilung?

1. Sex ist genauso wichtig zum Überleben wie das Essen und Trinken, oder Schlafen, genauso wichtig wie Arbeiten und Erholen!
2. Sex ist sehr erholsam für den Menschen!
3. Er kann frei machen von Ängsten, Phobien, Zwängen und generalisierende Ängste usw.
4. Sex ist gut, wenn Menschen unter versteckten Aggressionen leiden, oder selbstzerstörerischen Ängsten! Er hilft sich zu versöhnen.
5. Er ist wichtig für die Botenstoffe im Gehirn!
6. Wer gerne in die Sauna geht, der kann danach guten Sex haben.
7. Selbstverständlich fördert der Sex oder die Sexualität das Selbstvertrauen des Menschen erheblich. Und ist gleichzeitig auch sehr bequem und einfach durchzuführen.
8. Man braucht beim Sex immer ein gutes Vorspiel, bei dem man vorher abklärt, was alles möglich ist beim Sex: Streicheln, Küssen, Schlecken oder Massieren, Kneten oder Koitus, usw...
9. Wenn Sie sich gegenseitig Ihre Wünsche beim Sex erfüllen, wirkt sich das positiv aus auf die kranke Psyche des Menschen, das ist Balsam für die Seele!

10. Vergessen Sie nicht nach dem Geschlechtsverkehr ein ausgiebiges Nachspiel zu haben!

11. Tragen Sie die Verantwortung für ein neues Leben das beim Sex entsteht, wenn die Frau durch den Geschlechtsverkehr schwanger wird. Bitte schenken Sie Ihrem Baby die ganze Liebe, die Sie haben.

12. Sex ohne Liebe ist höchstens ein Abenteuer, und taugt nicht öfters für eine Heilung, als ab und zu mal.

13. Gehen Sie beim Sex nicht Fremd, denn das würde Ihren Partner verletzen!

14. Haben Sie koscheren Sex, treiben Sie keine Unzucht, und verletzen Sie niemand während des Geschlechtsverkehres!

15. Wenden Sie Massagepraktiken an während des Sexes! Gegenseitiges Massieren wird Ihnen sehr gut tun: Vor allem beim Vor- und Nacchspiel.

16. Denken Sie daran, wenn zwei Menschen miteinander verliebt sind, können Sie sich nicht vor der Geilheit schützen, und Sie können sich nicht mehr beherrschen, das ist sehr heilsam für den nervenkranken Menschen, Ohne diesen tollen Sex wären wir alle, Menschen nervenkrank!

17. Bitte seien Sie vorsichtig beim Sex mit einer schwangeren Frau, meiden Sie gefährliche Stellungen, die zu einer Frühgeburt führen könnten, üben Sie keinen Druck aus auf den Schwangerschaftsbauch!

18. Eine Stimulation mit der Zunge ist sehr heilsam für nervenkranke Menschen. Sie kitzelt und ist sehr erogen!

19. Zögern Sie Ihren Orgasmus hinaus, indem Sie mit dem Koitus warten, berühren Sie Gentialien des Partners erst nach dem Vorspiel!

20. Denken Sie daran, es gibt oralen, analen, vaginalen und mamalen Geschlechtsverkehr. Stehen Sie zu Ihren Veranlagungen aber verletzen Sie dabei bitte niemanden, denn das wäre nicht gut für die Seele des nervenkranken Menschen!

21. Flüstern Sie sich beim Sex gegenseitig liebe Worte ins Ohr, das könnte Sie sehr arg erregen und Ihrer kranken Seele gut tun, wie bei abklingenden Depressionen usw...!

In der Bibel steht auch einges über Sex: Im Alten Testament Gibt es das Buch das Hohelied der Liebe: Im Kapitel 8:

5 Unter dem Apfelbaum weckte ich dich auf; dort litt deine Mutter Wehen für dich, dort litt sie Wehen, die dich gebar.6 Setze mich wie ein Siegel auf dein Herz, wie ein Siegel an deinen Arm! Denn die Liebe ist stark wie der Tod, und ihr Eifer unbezwinglich wie das Totenreich; ihre Glut ist Feuerglut, eine Flamme des Herrn. 7 Große Wasser können die Liebe nicht auslöschen, und Ströme sie nicht ertränken. Wenn einer allen Reichtum seines Hauses um die Liebe gäbe, so würde man ihn nur verachten!

Die Töchter Jerusalems: 8 Wir haben eine kleine Schwester, die noch keine Brüste hat. Was tun wir nun mit unserer Schwester an dem Tag, da man um sie wirbt? 9 Ist sie eine Mauer, so bauen wir eine silberne Zinne darauf; ist sie aber eine Tür, so verschließen wir sie mit einem Zedernbrett! 10 Ich bin eine Mauer, und meine Brüste sind wie

Türme; da wurde ich in seinen Augen wie eine, die Frieden gefunden hat. 11 Salomo hatte einen Weinberg bei Baal-Hamon; er übergab den Weinberg den Hütern, jeder sollte für seine Frucht tausend Silberlinge bringen. 12 Mein eigener Weinberg liegt vor mir; die tausend gehören dir, o Salomo, und zweihundert den Hütern seiner Frucht!

Das Hohelied der Liebe ist ein Buch im Alten Testament und sehr erotisch, es ist eine Poesie über die Sexualität des Menschen! Es gibt aber noch andere Stellen in der Bibel über das Thema Sex! Im 3. Buch Mose steht geschrieben im Kapitel 18:
6 Niemand soll sich irgendeiner seiner Blutsverwandten nahen, um ihre Scham zu entblößen; ich bin der Herr! 7 Du sollst die Scham deines Vaters und die Scham deiner Mutter nicht entblößen. Es ist deine Mutter; du sollst ihre Scham nicht entblößen! 8 Du sollst die Scham der Frau deines Vaters nicht entblößen, denn es ist die Scham deines Vaters. 9 Die Scham deiner Schwester, welche die Tochter deines Vaters oder deiner Mutter ist, daheim oder draußen geboren – ihre Scham sollst du nicht entblößen. 10 Die Scham der Tochter deines Sohnes oder der Tochter deiner Tochter, ihre Scham sollst du nicht entblößen, denn es ist deine Scham. 11 Die Scham der Tochter der Frau deines Vaters, die von deinem Vater gezeugt und deine Schwester ist, ihre Scham sollst du nicht entblößen. 12 Du sollst die Scham der Schwester deines Vaters nicht entblößen, denn sie ist die nächste Blutsverwandte deines Vaters. 13 Du sollst die Scham der Schwester deiner Mutter nicht entblößen, denn sie ist die nächste Blutsverwandte deiner Mutter. 14 Du sollst die Scham des Bruders

deines Vaters nicht entblößen, du sollst nicht zu seiner Frau eingehen, denn sie ist deine Tante. 15 Du sollst die Scham deiner Schwiegertochter nicht entblößen, denn sie ist die Frau deines Sohnes; du sollst ihre Scham nicht entblößen. 16 Du sollst die Scham der Frau deines Bruders nicht entblößen, denn es ist die Scham deines Bruders. 17 Du sollst nicht zugleich die Scham einer Frau und ihrer Tochter entblößen, noch die Tochter ihres Sohnes oder die Tochter ihrer Tochter nehmen, um ihre Scham zu entblößen, denn sie sind Blutsverwandte; es wäre eine Schandtat. 18 Du sollst auch nicht eine Frau zu ihrer Schwester hinzunehmen, so daß du Eifersucht erregst, wenn du ihre Scham entblößt, während jene noch lebt. 19 Du sollst dich nicht einer Frau nahen während ihrer [monatlichen] Unreinheit, um ihre Scham zu entblößen. 20 Auch sollst du bei der Frau deines Nächsten nicht liegen, um ihr beizuwohnen, so daß du dich mit ihr verunreinigst. 21 Du sollst auch von deinen Kindern keines hergeben, um es dem Moloch durch [das Feuer] gehen zu lassen, und du sollst den Namen deines Gottes nicht entweihen; ich bin der Herr!22 Du sollst bei keinem Mann liegen, wie man bei einer Frau liegt, denn das ist ein Greuel. 23 Auch sollst du bei keinem Vieh liegen, daß du dich mit ihm verunreinigst. Und keine Frau soll sich vor ein Vieh stellen, um sich mit ihm einzulassen; es ist eine schändliche Befleckung! 24 Ihr sollt euch durch all diese Dinge nicht verunreinigen. Denn durch das alles haben sich die Heiden verunreinigt, die ich vor euch her austreibe, 25 und dadurch ist das Land verunreinigt worden, und ich suchte ihre Schuld an ihm heim, so daß das Land seine Einwohner ausspeit. 26 Ihr aber sollt meine Satzungen und Rechtsbestimmungen halten und keinen dieser

Greuel verüben, weder der Einheimische noch der Fremdling, der in eurer Mitte wohnt – 27 denn alle diese Greuel haben die Leute dieses Landes getan, die vor euch waren, so daß das Land verunreinigt worden ist –, 28 damit euch nun das Land nicht ausspeie, wenn ihr es verunreinigt, wie es die Heiden ausgespieen hat, die vor euch gewesen sind. 29 Denn jeder, der einen dieser Greuel tut – die Seelen, die dergleichen verüben, sollen ausgerottet werden aus der Mitte ihres Volkes.

Das sind harte Worte für manche Menschen, die sexuelle Freiheit haben wollen. Oft sind diese Gebote nicht für jeden Menschen tragbar, wenn diese Menschen andere Ziele haben.

So möchte Gott nicht, dass wir Menschen homosexuell sind. Gerade homosexuelle Menschen tun sich damit schwer und wollen darum nichts von Gott wissen, denken dass Gott sie verstößt, wenn sie schwuhl oder lesbisch sind. Es gibt sogar Christen, die rauchen oder trinken Alkohol. Man soll diese Christen nicht verstoßen, denn Gott ist der Herr über unsere Sünden. Sünden können uns für immer von den Heilungen unserer kranken Nerven trennen, denn jede Sünde ist ein Grund warum wir natürliche Heilungen nicht akzeptieren können! Bitte beichten Sie Ihre Sünden, auch die Sexuellen Sünden, damit Sie wieder gesund werden können, wenn Sie nervenkrank sind.

Bitte denken Sie daran, das Sex gut ist für kranke Nerven, aber lassen Sie es nicht zu sexuellen Ausscheifungen kommen und versündigen Sie sich nicht, denn es wäre nicht gut, wenn Sie Ihre Kinder sexuell mißbrauchen, Ihren Partner zum Sex zwingen, wenn der momentan keinen Sex haben will. Betreiben Sie keine sexuellen Praktiken, die einem Menschen Schaden zufügen könnten!

Kapitel 17 – Was für Ängste hat der Mensch? Sollen Ängste vor Gefahren schützen?

Was sind komplexe und einfache Phobien? Was sind Panikstörungen und generalisierende Ängste? Es kommt vom Griechischen, und es heißt Phobos, es bedeuted so viel wie Angst und Schrecken! Es handelt sich hierbei um Begriffe für ähnliche Persönlichkeitsstörungen, oft sind es überdurchschnittlich starke Ängste vor bestimmten Situationen oder Objekten!

Welche Phobien gibt es? Hier kommen einige der wichtigsten Phobien, die es gibt, aber in Wahrheit sind es noch viel mehr!

1. Klaustrophobie = Angst vor engen Räumen und einengenden Situationen, wenn einem die Decke auf dem Kopf fällt! Ähnliche Ängste gibt es auch bei Platzangst.
2. Akrophobie = wenn jemand starke Höhenangst hast und einen Abgrund hinunterstürzen droht.
3. Aviophobie = Wenn jemand Angst hat vor dem Fliegen in einem Passagierflugzeug
4. Arachnophobie = panische Angst vor Spinnen, Skorpionen oder Schlangen,
5. Dentophobie = Wenn sich jemand nicht vom Zahnarzt behandeln lassen will, weil er vor der Behandlung Angst hat. Ähnliche Ängste gibt es auch bei Psychiatrieaufenthalten oder vor anstehenden Operationen.
6. Emetophobie = Eine Angststörung bis hin zum Erbrechen!

7. Hypochrondrie = Wenn jemand krankhaft sich vor Krankheiten fürchtet, oder vor Schmerzen, Fehlfunktionen des Körpers, wie Verstopfungen.

8. Nummerus Clausus = Wer nicht ausreichend befähigt ist um eine Schule zu besuchen, indem er starke Versagensängste hat und sich dadurch nichts zu lernen traut.

Das stammt aus dem Internet, aus der Seite Mikrosoft Bing und kann dort nachgelesen werden.

Gegen Phobien gibt es mittlerweile verschiedene Medikamente, hier die wichtigsten aus der Suchmaschine Google:

Happy Bliss – Anti Stress Komplex – Meliton – Antistress – Bachblüten Notfalltropfen – Ashwaganda Kapseln – Serotonien Booster – LAIF 900 – Neurexan – Melisen Extrakt – Psyche Stabil – Keltican Forte – Vela Gan Ashwagandha Pulver – Johanneskraut – Nanomad – JGNATIA D 12 – Celencium Canabis Plus – GabaSticks – Mental Komplexe

Eventuell kann man einige Medikamente verschreiben lassen, andere kann man auch selber kaufen.

Für die Behandlung von Phobien gibt es folgende Möglichkeiten: Man führt eine systematische Desensibilisierung durch, das heißt dass man seine Phobien in anderen Gefühlen auflöst, damit sie den Patienten nicht mehr belasten! Der Therapeut kann auch ein Expositionsverfahren anwenden, wenn der Patient sich seiner Angst stellt, indem er sich bewußt seiner Gefahr aussetzt vor der er sich fürchtet!

Die Frage immerhin ist was kann man tun um sich vor Phobien zu schützen? Welche Möglichkeiten dazu gibt es?

1. Führen Sie über Ihre Phobien ein Tagebuch
2. Schreiben Sie darüber einen Bericht
3. Malen Sie über Ihre Ängste ein Bild
4. Stellen Sie sich einer Situation vor der Sie sich fürchten
5. Reden Sie positiv über Ihre Ängste mit anderen Menschen
6. Sammeln Sie Informationen über Ihre Ängste, wie Zeitungsartikel oder bestimmte Bücher, in denen Ihre Ängste vorkommen
7. Beten Sie dafür, dass sie von Ihren Ängsten frei werden
8. Machen Sie andere Menschen auf Ihre Ängste aufmerksam, um ihr Mitgefühl zu gewinnen
9. Zeigen Sie anderen Menschen, wenn es Ihnen gelungen ist Ihre Ängste zu überwinden, aber nur denen, denen Sie wohlgefällig sind
10. Verwandeln Sie Ihre Phobien in Manien, wenn es Ihnen möglich ist!
11. Belohnen Sie sich, wenn Sie die Sache in den Begriff bekommen
12. Entwickeln Sie Strategien, wie Sie Ihre Ängste in den Begriff bekommen

13. Stellen Sie Ihre Phobien in Frage, wenn Sie es können: Welchen Grund haben Sie für Ihre Phobien? Wie können Sie diesen Grund in Frage stellen mit der auftretenden Phobie? Dass der Absturz eines Passagierflugzeuges sehr unwahrscheinlich ist, denn ein Absturz kommt sehr selten vor. Bei einer Spinnenphobie können Sie sicher sein, dass die Ärzte ein Gegengift haben, das notfalls per Helicopter schnell zum Arzt kommt! Wer Angst hat vor dem Wasser, der sollte das Schwimmen lernen! Wer Angst hat Vater oder Mutter zu werden, der kann sicher sein, dass er Vatergefühle oder Muttergefühle hat, durch die er sich seinem Kind immer zuwendet. Vater und Mutter werden ist nicht schwer, Vater und Mutter sein dagegen sehr! Niemand sollte vor kleinen Babys Angst haben, damit er nicht das kleine Baby abtreiben läßt, weil er glaubt nicht in der Lage zu sein das Baby zu pflegen. Wer in der Schule schlechte Noten hat, muß sich nicht vor den Eltern fürchten, weil sie Ihr Kind trotzdem lieben. Bitte stellen Sie Ihre Ängste, die Sie haben selber in Frage, wie hier beschrieben worden ist!

14. Reden Sie über Ihre Ängste, wenn Sie traurig sind, wenn Sie sich freuen und glücklich sind, wenn Sie wütend sind, wenn Sie lustig sind oder besonders Müde sind.

Wir würden uns freuen wenn Sie Beschwerdenfrei sind und wenn Sie Ihre Ängste loswerden könnten! Bitte geben Sie nicht auf wenn Sie Ihre Ängste in den Wahnsinn treiben! Denken Sie an Zeiten in denen Sie noch keine Phobien hatten. Verkörpern Sie innere Ruhe und Gelassenheit, harmonische Geborgenheit, Zuversicht und Hoffnung, um von Ihren Ängsten frei zu werden, dann kann Ihnen geholfen werden, das wäre wirklich super. Denken Sie immer daran, jede Zeit hat Ihre Schrecken, die bestimmt wieder vergehen werden.

Kapitel 18 - Was kann ein Mensch tun, der weniger Energie hat wie Arbeit?

Das Energienervieren ist ein großes Problem, es bedeutet nichts anderes, als dass ein Mensch weniger Energie hat, wie er braucht. Das kann einem Menschen schon auf die Nerven gehen.

1. Im Normalfall hat jeder Mensch soviel Energie, wie er braucht, sollte es aber einmal weniger sein, dann hat er ein Problem. Er sollte zum Arzt gehen, damit ihm geholfen werden kann.

2. Wenn ein Mensch weniger arbeitet, dann kann er damit gut und gerne auskommen, wenn er weniger Energie für die Arbeit hat, sollte er aber mehr Arbeit haben, dann reicht weniger Energie nicht mehr aus. Auf Deutsch gesagt, der Mensch sitzt dann in der Patsche. Was soll der arme Kerl dann tun?

3. Energie für die Arbeit ist dann nur vorhanden, wenn der Mensch sich regeneriert, ohne diese Regeneration kann unmöglich Energie verfügbar sein. Das ist sehr wichtig.

4. Was zählt alles zur Regeneration? Da ist nun einmal der Schlaf, der am Optimalsten ist, wenn man ausreichend schläft, nämlich 8 Stunden pro Tag. Auch das Einhalten von Ruhepausen ist sehr wichtig. Jeder Mensch braucht Erholung, so kann er mal ins Theater gehen, oder ins Kino. Früher gab es für die Arbeiter kaum Urlaub, das hat sich Gott sei Dank geändert, dieser Urlaub ist dazu da, um Kraft zu tanken. Man kann auch einmal relaxen, dann wird es dem Menschen wieder besser gehen. Man kann auch meditieren, und wer will, der kann auch in die

Sauna gehen um sich zu regenerieren. Wer ein Hobby hat, der kann dadurch Kraft tanken. Natürlich hilft auch Sex, oder Streicheleinheiten. Wichtig kann auch Fernsehen sein oder Radio hören. Essen und Trinken hält Leib und Seele zusammen.

5. Falls einmal weniger Energie vorhanden ist, hilft Ihnen nur Regeneration.

6. Aggressionen werden herunter gefahren, wenn man Neuroleptisch behandelt, Im Falle einer Aggression während der Behandlung, drosseln die Medikamente die menschliche Energiezufuhr. Das ist Gott sei dank so, sonst würden die Beruhigungsmittel gar nicht helfen. Ein solcher Mensch braucht natürlich mehr Regenerierung.

7. Je gebildeter und intelligenter ein Mensch ist, desto mehr Energie hat er. Und natürlich auch umgekehrt.

8. Grundsätzlich gilt bei Aggressionen, dass sie ein Energiekiller sind, und Geborgenheit ein Energie Beschaffer.

9. Wenn es Ihnen nicht gelingt, Ihr Problem mit dem Energiemangel in Griff zu bekommen, dann könnte es gut sein wenn Sie zu einem Arzt gehen , am besten zu einem Psychologen oder einem Psychotherapeuten, wenn das nicht hilft, dann müssen Sie zum Psychiater gehen.

10. Geben Sie niemals auf und verzweifeln Sie nicht, wenn das Energieenervieren Sie nieder reist, denken Sie daran, es kommen wieder bessere Zeiten.

Im Matthäus Kapitel 5 steht geschrieben wie Sie das Energieenervieren überwältigen können:

Die Seligpreisungen:

3 Glückselig sind die geistlich Armen, denn ihrer ist das Reich der Himmel!

4 Glückselig sind die Trauernden, denn sie sollen getröstet werden!

5 Glückselig sind die Sanftmütigen, denn sie werden das Land erben!

6 Glückselig sind, die nach der Gerechtigkeit hungern und dürsten, denn sie sollen satt werden!

7 Glückselig sind die Barmherzigen, denn sie werden Barmherzigkeit erlangen!

8 Glückselig sind, die reinen Herzens sind, denn sie werden Gott schauen!

9 Glückselig sind die Friedfertigen, denn sie werden Söhne Gottes heißen!

10 Glückselig sind, die um der Gerechtigkeit willen verfolgt werden, denn ihrer ist das Reich der Himmel!

11 Glückselig seid ihr, wenn sie euch schmähen und verfolgen und lügnerisch jegliches böse Wort gegen euch reden um meinetwillen! 12 Freut euch und jubelt, denn euer Lohn ist groß im Himmel; denn ebenso haben sie die Propheten verfolgt, die vor euch gewesen sind.

Wenn ein Mensch Glückselig ist, dann hat er bestimmt genug Energie um seine Arbeit zu tun. Wenn ein Mensch nicht Glückselig ist, wird es Ihm an Energie mangeln. Wer Glücklich ist der neigt nicht zu Aggressionen, wer aber unglücklich ist, der hat eher Aggressionen. Das ist alles des Rätsels Lösung!

Kapitel 19 – Wer möchte in den sicheren Hafen der Ehe einfahren?

Welche Gründe gibt es zu heiraten? Wozu sollte ein Mann oder eine Frau in den sicheren Hafen der Ehe einfahren? Was ist an einer Eheschliesung für einen nervenkranken Menschen heilbar!

1. Man kann aus Liebe heiraten, weil man sich gern hat und man zusammen das Leben verbringen will.
2. Sind Mann und Frau gute Freunde, die Ihr ganzes Leben miteinander teilen wollen.
3. Wenn beide Ehepaare gläubig sind, dann sind sie eigentlich wie Bruder und Schwester.
4. Bestimmt sind gemeinsame Interessen für die Ehe wichtig.
5. Oft gibt es im Leben viele Gefahren und Krankheiten, die einem Ehepaar drohen, wenn Sie verheiratet sind können sie diese gemeinsam bewältigen.
6. Mann und Frau haben mit der Familiengründung einen festen Rückhalt, den es zu erhalten gilt.
7. Wer will der kann in der Ehe Kinder zeugen und aufziehen, das ist eine große Verantwortung.
8. In schwierigen Situationen ist eine Hilfe da, durch den Heiligen Bund der Ehe!
9. Wir werden alle älter und sind mit einer Familiengründung im Alter nicht mehr alleine.
10. Oft schützt eine Ehe vor der Einsamkeit!

11. Durch einen Partner in der Ehe hat man eine gute Unterstützung.

12. Man kann in der Ehe seinen christlichen Glauben ausleben.

13. Man hat jemanden der einen durch schlechte Zeiten trägt.

14. In der Ehe ist die Sexualität sehr wichtig. Man kann Sie voll auskosten, indem man sie gemeinsam auslebt. Treue ist dabei genauso wichtig, wie die Befriedigung von sexuellen Wünschen. Dabei spielt auch die Zärtlichkeit eine ganz wichtige Rolle. Ein intensives Vorspiel und Nachspiel ist dabei sehr wichtig. Ganz wichtig beim Sex ist die totale Hingabe an den Partner. So wäre eine sexuelle Verschmelzung von Mann und Frau sehr wichtig. Man sollte sich beim Sex nicht enthalten müssen!

15. Die Ehe ist ein Bündnis vor Gott und soll vom Menschen nicht getrennt werden.

Im Matthäusevangelium Kapitel 19 steht geschrieben:

Und es geschah, als Jesus diese Worte beendet hatte, verließ er Galiläa und kam in das Gebiet von Judäa jenseits des Jordan. 2 Und es folgte ihm eine große Volksmenge nach, und er heilte sie dort. 3 Da traten die Pharisäer zu ihm, versuchten ihn und fragten ihn: Ist es einem Mann erlaubt, aus irgend einem Grund seine Frau zu entlassen? 4 Er aber antwortete und sprach zu ihnen: Habt ihr nicht gelesen, daß der Schöpfer sie am Anfang als Mann und Frau erschuf 5 und sprach: »Darum wird ein Mann Vater und Mutter verlassen und seiner Frau anhängen; und die zwei werden ein Fleisch sein«? 6 So sind sie nicht mehr zwei, sondern ein Fleisch. Was nun Gott zusammengefügt hat, das soll der Mensch nicht scheiden!

7 Da sprachen sie zu ihm: Warum hat denn Mose befohlen, ihr einen Scheidebrief zu geben und sie so zu entlassen? 8 Er sprach zu ihnen: Mose hat euch wegen der Härtigkeit eures Herzens erlaubt, eure Frauen zu entlassen; von Anfang an aber ist es nicht so gewesen. 9 Ich sage euch aber: Wer seine Frau entläßt, es sei denn wegen Unzucht, und eine andere heiratet, der bricht die Ehe; und wer eine Geschiedene heiratet, der bricht die Ehe.

10 Da sprechen seine Jünger zu ihm: Wenn ein Mann solche Pflichten gegen seine Frau hat, so ist es nicht gut, zu heiraten! 11 Er aber sprach zu ihnen: Nicht alle fassen dieses Wort, sondern nur die, denen es gegeben ist. 12 Denn es gibt Verschnittene, die von Mutterleib so geboren sind; und es gibt Verschnittene, die von Menschen verschnitten sind; und es gibt Verschnittene, die sich selbst verschnitten haben um des Reiches der Himmel willen. Wer es fassen kann, der fasse es!

Auch hat Jesus über die Ehe nicht nur diese Worte gesagt, sondern noch andere. In Matthäus Kapitel 22 steht geschrieben:

29 Aber Jesus antwortete und sprach zu ihnen: Ihr irrt, weil ihr weder die Schriften noch die Kraft Gottes kennt. 30 Denn in der Auferstehung heiraten sie nicht, noch werden sie verheiratet, sondern sie sind wie die Engel Gottes im Himmel. 31 Was aber die Auferstehung der Toten betrifft, habt ihr nicht gelesen, was euch von Gott gesagt ist, der spricht: 32 »Ich bin der Gott Abrahams und der Gott Isaaks und der Gott Jakobs«? Gott ist aber nicht ein Gott der

Toten, sondern der Lebendigen. 33 Und als die Menge dies hörte, erstaunte sie über seine Lehre.

Bestimmt ist die Ehe eine gute Institution auf der Erde, die es im Jenseits nicht mehr zu geben scheint. Was werden die Menschen nach Ihrem Tod tun, wenn es keine Eheschliesung gibt? Können auch zwei Männer heiraten oder zwei Frauen, dann sind das auch wichtige Fragen, die man an Hand der Bibel klären sollte, aber ich will dazu nichts sagen, jeder Mensch muß das selber klären! Wer will der kann im 1. Buch Mose Kapitel 19 lesen, wie die Männer in Sodom und Gomora der Homosexualität sich hingaben. Die Geschichte dort handelt von zwei männlichen Engeln, die von den Einwohnern sexuell belästigt werden sollten. Die Engel waren allem Anschein nicht immer geschlechtslose Wesen. An dieser Bibelstelle stand:

Aber ehe sie sich hinlegten, umringten die Männer der Stadt das Haus, die Männer von Sodom, jung und alt, das ganze Volk aus allen Enden, 5 und riefen Lot und sprachen zu ihm: Wo sind die Männer, die diese Nacht zu dir gekommen sind? Bring sie heraus zu uns, damit wir uns über sie hermachen!

Homosexualtät ist immerhin so alt wie die Menscheit und kommt in den besten Familien vor. Genauso wurde das in Sodom und Gomora damals praktiziert. Was ist der Wille Gottes? Möchte Gott, dass Menschen homosexuell sind?

Kapitel 20 – Was steht in der Bibel über natürliche Heilungen von Nervenkrankheiten?

Was führt alles zu einer natürlichen Heilung bei Nervenkrankheiten? Kann man ohne Medikamente wieder gesund werden?

1. Meiden Sie jede Form von Aggression. Denken Sie nur, die Menschheit macht so was nur krank. Oft kann etwas nicht mehr verziehen werden? Dann nehmen die Aggressionen Ihren Lauf, und beruhen auf Gegenseitigkeiten , was die Situation nur verschlimmert!

2. Geborgenheit braucht der Mensch um wieder gesund zu werden. Fragen Sie mal nach, ob jemand Ihnen Geborgenheit gibt, damit kann man auskommen! Man kann Geborgenheit spüren, wenn man ganz arg geliebt wird.

3. Ein Mensch ist ein freies Wesen, das für sich selber entscheiden kann. Natürlich kann auch Gott dem Menschen wichtige Entscheidungen abnehmen! Schließlich macht Gott den Menschen frei von Sünde!

4. Verantwortung für kleinere oder größere Kinder ist für die Eltern eine große Heilungskraft. Eine Familie gibt allen Mitgliedern genügend Energie um das Leben zu meistern. Kinder und Eltern steht in einer gut funktionierenden Familie immer genügend Lebensenergie zur Verfügung!

5. Wer im Leben gebraucht wird, der hat genug Energie zum Leben, und ist frei von Nervenkrankheiten, und kann sich des Lebens erfreuen!

6. Glücklich sein ist für eine Heilung sehr wichtig, denn ohne dieses Glücksgefühl kann kein Nervenkranker Mensch wieder gesund werden.

7. Bedürfnisse sind für den Menschen sehr arg wichtig. Sogar Tiere und Pflanzen sind auf Bedürfnisse angewiesen. Wir Menschen haben das Bedürfnis der Nahrungsaufnahme, des Schlafens, des Arbeitens, und der Beschäftigung, usw.!

8. Es gibt verschiedenste Bedürfnisse, die man auch als Wünsche bezeichnen kann oder auch als Triebe!

9. Teilen Sie Ihre Zeit gut ein und denken Sie daran, dass die Zeit das Blut Ihrer Seele ist. Bitte tun Sie sinnvolles mit Ihrer Lebenszeit, nur so können Sie gesund werden und niemand kann Ihnen dann Ihre natürlichen Heilungen mehr weg nehmen!

10. Erziehen Sie Ihre Kinder positiv und verantwortungsvoll, dann wird es Ihnen gut gehen.

11. Denken Sie an Ihren Hunger, bitte ernähren Sie sich ausgewogen, und vernünftig und nicht mangelhaft oder unterernährt. Denken Sie daran, Essen und Trinken hält Leib und Seele zusammen.

12. Treiben Sie viel Sport, dann wird es Ihrer Seele gut tun. Sport gibt Ihnen viel Kraft.

13. Lesen Sie viel in der Bibel, dort steht viel über uns Menschen geschrieben, was wir tun und lassen sollen. Bitte lernen Sie Gottes Willen zu schätzen beim Studium der Heiligen

Schrift. Werden Sie ein Kind Gottes? Begreifen Sie das Gott Ihr Freund sein will. Schenken Sie Ihm Ihre Liebe, weil er sie zuerst geliebt hat. Und es gibt keinen Mensch auf Erden, den Gott nicht liebt.

14.   Verzeihen Sie, wenn Sie es können, damit auch Ihnen verziehen werden kann!

15.   Lösen Sie Ihre Probleme, die Sie haben und danken Sie Gott dafür, der Ihnen bestimmt hilft, wenn Sie ihn brauchen und um Hilfe bitten. Setzen Sie Ihre Zukunft nicht aufs Spiel!

16.   Seien Sie dankbar, nur so kann Ihr Leben gelingen.

17.   Begreifen Sie den Ernst der Lage: Lachen Sie mit lachenden Menschen. Weinen Sie mit weinenden Menschen. Ärger Sie sich mit Wütenden, Freuen Sie sich mit Freuenden Menschen. Seien Sie mutig, wenn Ihre Mitmenschen tapfer sind!

18.   Verhalten Sie sich Ihrem Alter entsprechend.

19.   Halten Sie Ihre Versprechen ein, damit man auch Ihre erwünschten Versprechen einhält.

20.   Bitte geniesen Sie Ihr Leben mit vollen Zügen, das fängt schon beim Frühstück an. Denken Sie immer daran, andere Menschen haben weniger als Sie! Sie haben nichts zu essen, schlechtes Wasser zum Trinken, kein Bett zum Schlafen, nichts zum Anziehen, müssen im Winter frieren! Andere Menschen sind nicht gesund, haben Krebs, Herz- und Kreislaufkrankheiten, während Sie gesund sind! Oder sind Sie auch schon krank? Manch einer hat kein Geld, während Sie im Überfluss Geld haben. Es gibt Menschen, die sind obdachlos

und sie müßen betteln gehen, während Sie eine gut bezahlte Arbeit haben. Darum seien Sie genügsam!

Im Johannesevangelium Kapitel Eins steht folgendes geschrieben über die Gotteskindschaft:

Johannes 1,12 Allen aber, die ihn aufnahmen, denen gab er das Anrecht, Kinder Gottes zu werden, denen, die an seinen Namen glauben.

Erst wenn wir den Heiligen Geist in uns aufmnehmen, können wir Gottes Kinder sein.

Über das Versprechen steht in der Bibel im Buch der Sprüche Kapitel 6 folgendes niedergeschrieben:

1 Mein Sohn, hast du dich für deinen Nächsten verbürgt, für einen Fremden dich durch Handschlag verpflichtet, 2 bist du durch ein mündliches Versprechen gebunden, gefangen durch die Worte deines Mundes, 3 so tu doch das, mein Sohn: Rette dich, denn du bist in die Hand deines Nächsten geraten! Darum geh hin, wirf dich vor ihm nieder und bestürme deinen Nächsten. 4 Gönne deinen Augen keinen Schlaf und deinen Lidern keinen Schlummer! 5 Rette dich aus seiner Hand wie eine Gazelle und wie ein Vogel aus der Hand des Vogelstellers!

Wenn wir ein Versprechen gegeben haben, dann müssen wir es auch einhalten, wenn wir das aber nicht mehr einhalten können, dann müssen wir uns aus der Hand des Nächsten retten, indem wir ihn um Gnade bitten für das Nichtgehaltene Versprechen.

Im Römerbrief Kapitel 12 steht über das Mitgefühl folgendes geschrieben:

14 Segnet, die euch verfolgen; segnet und flucht nicht! 15 Freut euch mit den Fröhlichen und weint mit den Weinenden! 16 Seid gleichgesinnt gegeneinander; trachtet nicht nach hohen Dingen, sondern haltet euch herunter zu den Niedrigen; haltet euch nicht selbst für klug!

Über das Vergeben steht folgendes in Jesaja Kapitel 55 geschrieben über die Vergebung:

6 Sucht den Herrn, solange er zu finden ist; ruft ihn an, während er nahe ist! 7 Der Gottlose verlasse seinen Weg und der Übeltäter seine Gedanken; und er kehre um zu dem Herrn, so wird er sich über ihn erbarmen, und zu unserem Gott, denn bei ihm ist viel Vergebung.

8 Denn meine Gedanken sind nicht eure Gedanken, und eure Wege sind nicht meine Wege, spricht der Herr; 9 sondern so hoch der Himmel über der Erde ist, so viel höher sind meine Wege als eure Wege und meine Gedanken als eure Gedanken. 10 Denn gleichwie der Regen und der Schnee vom Himmel fällt und nicht wieder dahin zurückkehrt, bis er die Erde getränkt und befruchtet und zum Grünen gebracht hat und dem Sämann Samen gegeben hat und Brot dem, der ißt – 11 genauso soll auch mein Wort sein, das aus meinem Mund hervorgeht: es wird nicht leer zu mir zurückkehren, sondern es wird ausrichten, was mir gefällt, und durchführen, wozu ich es gesandt habe.

Das steht in der Heiligen Schrift, und wenn Sie wollen, dann können Sie noch mehr darin lesen, es wird Ihnen gut tun! Begreifen Sie den Ernst der Lage!

Im 1. Petrus Kapitel 4 steht über die Zeit des Menschen folgendes geschrieben:

1 Da nun Christus für uns im Fleisch gelitten hat, so wappnet auch ihr euch mit derselben Gesinnung; denn wer im Fleisch gelitten hat, der hat mit der Sünde abgeschlossen, 2 um die noch verbleibende Zeit im Fleisch nicht mehr den Lüsten der Menschen zu leben, sondern dem Willen Gottes.

3 Denn es ist für uns genug, daß wir die vergangene Zeit des Lebens nach dem Willen der Heiden zugebracht haben, indem wir uns gehen ließen in Ausschweifungen, Begierden, Trunksucht, Belustigungen, Trinkgelagen und frevelhaftem Götzendienst. 4 Das befremdet sie, daß ihr nicht mitlauft in denselben heillosen Schlamm, und darum lästern sie; 5 sie werden aber dem Rechenschaft geben müssen, der bereit ist, die Lebendigen und die Toten zu richten. 6 Denn dazu ist auch Toten das Evangelium verkündigt worden, daß sie gerichtet würden im Fleisch den Menschen gemäß, aber Gott gemäß lebten im Geist. 7 Es ist aber nahe gekommen das Ende aller Dinge. So seid nun besonnen und nüchtern zum Gebet. 8 Vor allem aber habt innige Liebe untereinander; denn die Liebe wird eine Menge von Sünden zudecken. 9 Seid gegeneinander gastfreundlich ohne Murren!

Über Aggressionen steht geschrieben in der Bibel, im Buch der Sprüche zum Nachlesen und Nachdenken!

Sprüche 10,12 Haß erregt Streit, aber die Liebe deckt alle Verfehlungen zu.

Sprüche 10,18 Wer Haß verbirgt, hat Lügenlippen, und wer Verleumdungen austrägt, ist ein Tor.

Sprüche 15,17 Besser ein Gericht Gemüse mit Liebe, als ein gemästeter Ochse mit Haß!

Sprüche 26,26 Hüllt sich der Haß in Täuschung, so wird seine Bosheit doch offenbar in der Gemeinde.

Über Geborgenheit und Liebe steht geschrieben im Wort Gottes im 1. Korintherbrief folgendes:

1 Wenn ich in Sprachen der Menschen und der Engel redete, aber keine Liebe hätte, so wäre ich ein tönendes Erz oder eine klingende Schelle. 2 Und wenn ich Weissagung hätte und alle Geheimnisse wüßte und alle Erkenntnis, und wenn ich allen Glauben besäße, so daß ich Berge versetzte, aber keine Liebe hätte, so wäre ich nichts. 3 Und wenn ich alle meine Habe austeilte und meinen Leib hingäbe, damit ich verbrannt würde, aber keine Liebe hätte, so nützte es mir nichts! 4 Die Liebe ist langmütig und gütig, die Liebe beneidet nicht, die Liebe prahlt nicht, sie bläht sich nicht auf; 5 sie ist nicht unanständig, sie sucht nicht das Ihre, sie läßt sich nicht erbittern, sie rechnet das Böse nicht zu; 6 sie freut sich nicht an der Ungerechtigkeit, sie freut sich aber an der Wahrheit; 7 sie erträgt alles, sie glaubt alles, sie hofft alles, sie erduldet alles. Das Vorläufige und das Vollkommene

8 Die Liebe hört niemals auf. Aber seien es Weissagungen, sie werden weggetan werden; seien es Sprachen, sie werden aufhören; sei es Erkenntnis, sie wird weggetan werden. 9 Denn wir erkennen stückweise und wir weissagen stückweise; 10 wenn aber einmal das Vollkommene da ist, dann wird das Stückwerk weggetan. 11 Als ich ein Unmündiger war, redete ich wie ein Unmündiger, dachte wie ein Unmündiger und urteilte wie ein Unmündiger; als ich aber ein Mann

wurde, tat ich weg, was zum Unmündigsein gehört. 12 Denn wir sehen jetzt mittels eines Spiegels wie im Rätsel, dann aber von Angesicht zu Angesicht; jetzt erkenne ich stückweise, dann aber werde ich erkennen, gleichwie ich erkannt bin. 13 Nun aber bleiben Glaube, Hoffnung, Liebe, diese drei; die größte aber von diesen ist die Liebe.

Geborgenheit beinhaltet den Glauben, die Hoffnung und die Liebe. Auf diesen Dreien baut die Geborgenheit auf. Immer wenn sich diese drei verbinden, dann ergibt das tiefe Geborgenheit, die wir Menschen brauchen um gesund zu werden!

Im Römerbrief steht über die Freiheit des Menschen das geschrieben, was die Bibel unter Freiheit versteht, nämlich frei von Sünde, (wenn Sie nun mal das Rauchen aufhören) zu sein.

Römer 6,20 Denn als ihr Sklaven der Sünde wart, da wart ihr frei gegenüber der Gerechtigkeit.

Römer 6,22 Jetzt aber, da ihr von der Sünde frei und Gott dienstbar geworden seid, habt ihr als eure Frucht die Heiligung, als Ende aber das ewige Leben.

Römer 8,2 Denn das Gesetz des Geistes des Lebens in Christus Jesus hat mich frei gemacht von dem Gesetz der Sünde und des Todes.

Wenn auch Sie frei werden von Sünde, dann nehmen Sie keine Drogen mehr, suchen Sie sich eine geregelte Arbeit, tun Sie Buße, geben Sie gestohlenes zurück! Werden Sie ein Kind Gottes!

Kapitel 21 – Wie bekomme ich den Heiligen Geist und wozu bekomme ich ihn?

Welche Rolle spielt der Heilige Geist bei natürlichen Heilungen?

1. Er macht den Menschen frei von Sünde. Wir müßen nicht mehr unseren alten schlechten Gewohnheiten nachgehen, wir müssen uns nicht mehr betrinken, oder Zigaretten rauchen, wir müssen nicht mehr lügen, haben es nicht nötig zu stehlen oder jemanden zu haßen.

2. Er schenkt dem Menschen die verschiedensten Geistesgaben, wie das Dienen, das Gesundbeten von kranken Menschen, das Lehren von Weisheit oder die Prophetie.....

3. Wer nun kranke Nerven hat, den tröstet der Heilige Geist, genauso wie jemanden der Kummer und Sorgen hat.

4. Er gibt dem Menschen einen Halt!

5. Der Mensch geht nicht verloren, sondern verbringt die Ewigkeit bei Gott, er ist und bleibt ein Kind Gottes.

6. Der Heilige Geist hat für uns Menschen wichtige Aufgaben. Er schickt uns zu wichtigen Arbeiten, die für das Reich Gottes sind!

7. Wir sollten dankbar sein, dafür dass wir Kinder Gottes sein dürfen, durch den Heiligen Geist. Denn der Heilige Geist gibt Zeugnis unserem Geist, dass wir Kinder Gottes sind.

8. Wir Christen dürfen nichts böses tun, das verlangt unser Glauben, durch das Wort Gottes, welches geschrieben steht in der Bibel.

9. Als Kinder Gottes sind wir frei von Schuld und Unrecht.

10. Der Heilige Geist zeigt uns den richtigen Weg. Den wir gehen müßen, wenn wir mal die Ewigkeit bei Gott verbringen wollen.

11. Wir lieben unseren Gott mit allem was wir können und unseren Nächsten, wie uns selbst.

12. Mit dem Tod ist nichts aus und wir haben durch den Glauben an Jesus Christus ein Leben nach dem Tod!

13. Wir Christen sind in unserer Gemeinde ein Leib, und jeder einzelne Christ ist ein Organ, das der Körper braucht ohne dieses würde der Leib Christie nicht funktionieren. Kein Organ des Leibes darf einem anderen Organ sagen, wir brauchen Dich nicht!

Im Wort Gottes steht geschrieben, über die Sünde und das Unfrei sein:

Matthäus 5,29 Wenn dir aber dein rechtes Auge ein Anstoß [zur Sünde] wird, so reiß es aus und wirf es von dir! Denn es ist besser für dich, daß eines deiner Glieder verlorengeht, als daß dein ganzer Leib in die Hölle geworfen wird.

Matthäus 5,30 Und wenn deine rechte Hand für dich ein Anstoß [zur Sünde] wird, so haue sie ab und wirf sie von dir! Denn es ist besser für dich, daß eines deiner Glieder verlorengeht, als daß dein ganzer Leib in die Hölle geworfen wird.

Matthäus 6,22 Das Auge ist die Leuchte des Leibes. Wenn nun dein Auge lauter ist, so wird dein ganzer Leib licht sein.

Matthäus 6,23 Wenn aber dein Auge verdorben ist, so wird dein ganzer Leib finster sein. Wenn nun das Licht in dir Finsternis ist, wie groß wird dann die Finsternis sein!

Matthäus 6,25 Darum sage ich euch: Sorgt euch nicht um euer Leben, was ihr essen und was ihr trinken sollt, noch um euren Leib, was ihr anziehen sollt! Ist nicht das Leben mehr als die Speise und der Leib mehr als die Kleidung?

Matthäus 10,28 Und fürchtet euch nicht vor denen, die den Leib töten, die Seele aber nicht zu töten vermögen; fürchtet vielmehr den, der Seele und Leib verderben kann in der Hölle!

Wir Menschen können in Sünde leben, aber der Geist Gottes macht uns frei von Sünde! Vor ihm müssen wir uns fürchten, wenn wir nicht buße tun, um seine Gnade zu erlangen.

Der Heilige Geist schenkt uns Menschen Gaben: Lukas 11,13: Wenn nun ihr, die ihr böse seid, euren Kindern gute Gaben zu geben versteht, wieviel mehr wird der Vater im Himmel [den] Heiligen Geist denen geben, die ihn bitten!
Im 1. Korintherbrief steht:

12 Denn gleichwie der Leib einer ist und doch viele Glieder hat, alle Glieder des einen Leibes aber, obwohl es viele sind, als Leib eins sind, so auch der Christus. 13 Denn wir sind ja alle durch einen Geist in einen Leib hinein getauft worden, ob wir Juden sind oder Griechen, Knechte oder Freie, und wir sind alle getränkt worden zu einem Geist. 14 Denn auch der Leib ist nicht ein Glied, sondern viele. 15 Wenn der Fuß spräche: Ich bin keine Hand, darum gehöre ich nicht zum Leib! – gehört er deswegen etwa nicht zum Leib? 16 Und wenn das Ohr spräche: Ich bin kein Auge, darum gehöre ich nicht zum Leib! – gehört es deswegen etwa nicht zum Leib? 17 Wenn der ganze Leib Auge wäre, wo bliebe das Gehör? Wenn er ganz Ohr wäre, wo bliebe der Geruchssinn? 18 Nun aber hat Gott die Glieder, jedes einzelne von ihnen, so im Leib eingefügt, wie er gewollt hat. 19 Wenn aber alles ein Glied wäre, wo bliebe der Leib?

20 Nun aber gibt es zwar viele Glieder, doch nur einen Leib. 21 Und das Auge kann nicht zur Hand sagen: Ich brauche dich nicht! oder das Haupt zu den Füßen: Ich brauche euch nicht! 22 Vielmehr sind gerade die scheinbar schwächeren Glieder des Leibes notwendig, 23 und die [Glieder] am Leib, die wir für weniger ehrbar halten, umgeben wir mit desto größerer Ehre, und unsere weniger anständigen erhalten um so größere Anständigkeit; 24 denn unsere anständigen brauchen es nicht. Gott aber hat den Leib so zusammengefügt, daß er dem geringeren Glied um so größere Ehre gab, 25 damit es keinen Zwiespalt im Leib gebe, sondern die Glieder gleichermaßen füreinander sorgen. 26 Und wenn ein Glied leidet, so leiden alle Glieder mit; und wenn ein Glied geehrt wird, so freuen sich alle

Glieder mit. 27 Ihr aber seid [der] Leib des Christus, und jeder ist ein Glied [daran] nach seinem Teil.

28 Und Gott hat in der Gemeinde etliche eingesetzt, erstens als Apostel, zweitens als Propheten, drittens als Lehrer; sodann Wunderkräfte, dann Gnadengaben der Heilungen, der Hilfeleistung, der Leitung, verschiedene Sprachen. 29 Sind etwa alle Apostel? Sind etwa alle Propheten? Sind etwa alle Lehrer? Haben etwa alle Wunderkräfte? 30 Haben alle Gnadengaben der Heilungen? Reden alle in Sprachen? Können alle auslegen?

31 Strebt aber eifrig nach den vorzüglicheren Gnadengaben, und ich will euch einen noch weit vortrefflicheren Weg zeigen.

Der Heilige Geist will uns den richtigen Weg zeigen:

Matthäus 7,13 Geht ein durch die enge Pforte! Denn die Pforte ist weit und der Weg ist breit, der ins Verderben führt; und viele sind es, die da hineingehen.

Matthäus 7,14 Denn die Pforte ist eng und der Weg ist schmal, der zum Leben führt; und wenige sind es, die ihn finden.

Gott will uns den Weg zeigen, der uns in die Ewige Herrlichkeit Gottes führt, in sein himmlisches Paradies, wo uns Jesus Christus die Stätte bereitet.

In Markus Kapitel 3 steht geschrieben über die Kindschaft Gottes, dass wir Jesu Brüder sind:

31 Da kamen seine Brüder und seine Mutter; sie blieben aber draußen, schickten zu ihm und ließen ihn rufen. 32 Und die Volksmenge saß um ihn her. Sie sprachen aber zu ihm: Siehe, deine Mutter und deine Brüder sind draußen und suchen dich! 33 Und er antwortete ihnen und sprach: Wer ist meine Mutter oder wer sind

meine Brüder? 34 Und indem er ringsumher die ansah, die um ihn saßen, sprach er: Siehe da, meine Mutter und meine Brüder! 35 Denn wer den Willen Gottes tut, der ist mein Bruder und meine Schwester und Mutter.

In der Apostelgeschichte Kapitel 7 lesen wir vom ersten Märtyrer, der gesteinigt wurde, er war erfüllt vom Heiligem Geist, als er starb: Die Steinigung des Stephanus:

54 Als sie aber das hörten, schnitt es ihnen ins Herz, und sie knirschten mit den Zähnen über ihn. 55 Er aber, voll Heiligen Geistes, blickte zum Himmel empor und sah die Herrlichkeit Gottes, und Jesus zur Rechten Gottes stehen; 56 und er sprach: Siehe, ich sehe den Himmel offen und den Sohn des Menschen zur Rechten Gottes stehen!

57 Sie aber schrieen mit lauter Stimme, hielten sich die Ohren zu und stürmten einmütig auf ihn los; 58 und als sie ihn zur Stadt hinausgestoßen hatten, steinigten sie ihn. Und die Zeugen legten ihre Kleider zu den Füßen eines jungen Mannes nieder, der Saulus hieß. 59 Und sie steinigten den Stephanus, der betete und sprach: Herr Jesus, nimm meinen Geist auf! 60 Und er kniete nieder und rief mit lauter Stimme: Herr, rechne ihnen diese Sünde nicht an! Und nachdem er das gesagt hatte, entschlief er.

Der Glaube an Gott sollte uns Menschen wichtiger sein, als unser Leben, damit wir den Heiligen Geist bekommen!

Kapitel 22 – Das Lachen ist die beste Medizin?

Bestimmt kennen Sie folgenden Satz: Das Lachen ist die beste Medizin! Das trifft doch auch Nervenkrankheiten zu.

1. Über eine begangene Dummheit kann man lachen, egal ob sie jetzt gut oder böse ausgegangen ist. Es ist für uns nervenkranke Menschen sehr heilsam über begangene Dummheiten zu lachen, denn aus Fehlern wird man klug!

2. Wer kennt sie nicht die vielen Witze in den Zeitungen, den Witzkalendern oder den Witzbüchern? Bitte geniesen Sie einen Witz, das kann ihnen bei Depressionen, Ängsten und Psychosen helfen, und kann Sie auch gut darstellen vor anderen Leuten, denen Sie diese Witze erzählen! Sie werden reinste Lachsalven ernten, beim darbringen von Witzen!

3. Oft gibt es in unserem Leben lustige Ereignisse, die einem Menschen zum Lachen bringen können, das sind dann Ereignisse die wir niemals mehr vergessen können.

4. Es kann sein, dass Sie mit knapper Not dem Tod von der Schiebe gesprungen sind, dass Sie mit einem blauen Auge davongekommen sind. Würden Sie darüber auch lachen können?

5. Bestimmt haben Sie Feinde, dann kann es sein, dass es ihrem Todfeind schlecht geht, oder er gestorben ist, oder aus ihrer Sichtweite gelangt ist. Wenn man darüber nicht lachen könnte?

Aber bitte sagen Sie den Leuten, warum Sie einen Grund haben zu lachen, sagen Sie was vorgefallen ist, dass Sie so reagieren!

6. Wer von Ihnen besitzt keinen schwarzen Humor? Damit könnten Sie sogar Ihren Todfeind besiegen. Können Sie auch darüber lachen, wenn Ihnen jemand Ihre langen Haare abschneidet?

7. Kleine Kinder oder verrückte Leute spielen Ihnen im Leben Streiche! Aber bitte nur kleine Streiche, gewöhnen Sie es sich ab, Ihren Mitmenschen große Streiche zu spielen und Ihren Kindern natürlich auch!

8. Wer von Euch war schon mal in einem Zustand: „Wie auf der Wolke 07"? Bestimmt kennen Sie das Gefühl, das man Glück nennt. Über das kann man ja gut lachen!

9. Wer fleißig ist, der kann gutes Geld verdienen, bestimmt ist das hart verdiente Geld sehr freudebringend, dass man darüber lachen kann.

10. Hatten Sie schon mal einen Lotteriegewinn gemacht von einer Million €? Was würden Sie damit machen? Bitte haben Sie dafür eine gute Verwendung, dann können Sie darüber lachen, denn schließlich kann man 1.000.000 € nicht jeden Tag gewinnen!

11. Hatten Sie schon mal schlechte Noten in der Schule, waren dann fleißig beim Lernen und hatten dann eine EINS? Wenn das kein Grund ist zu lachen?

12. Bitte sagen Sie, waren Sie schon mal auf einem Faschingsball? Konnten Sie dort lustig sein und darüber lachen?

13. War Ihr Leben schon mal dunkel und düster? Nahm es dann eine positive Wendung? Konnten Sie darüber lachen?

14. Bestimmt hat man Sie im Leben schon mal belogen? Konnten Sie über eine Ehrliche Antwort auch lachen?

15. Ihr Chef befördert Sie unerwartet, weil ein höherer Posten frei wird, und Ihr Lohn und Einfluss in der Firma steigt. Wenn man darum nicht Lachen dürfte, das weiß ich nicht.

16. Wer von Euch spielt Schach? Haben Sie schon mal gewonnen und Ihren Gegner Schach Matt gesetzt? War das nicht zum Lachen?

17. Ihre Lieblingsmanschaft schiesst ein Tor bei der Deutschen Fußball Bundesliga, könnten Sie darüber lachen oder lachen Sie wenn der Gegner unerwartet ein Tor schießt?

Bitte verstehen Sie, dass es unendlich viele Gründe gibt zu lachen! Hier kommen ein paar Gründe davon! Man nennt es Witze!

Ein Kannibale sitzt in der ersten Klasse im Flugzeug, und läßt sich die Speisekarte geben. Nach langem Suchen sagt er der Flugbegleiterin: „ Das ist nichts für mich, bitte geben Sie mir die Pasagierliste!"

Ein Pfarrer ist auf Safari und verliert seine Reisegruppe. Dann irrt er durch die Serengethi, plötzlich kommt er zu einem Löwenrudel, betet dafür, dass ihm die Rauptiere nichts tun, dann umringen die Löwen den Mann und falten Ihre Vordertatzen und sprechen: „Du Lieber Gott von dem wir alles haben, wir preißen Dich für Deine Gaben, Du speißest uns, weil Du uns liebst, so segne auch was Du uns gibst! AMEN!"

Ein Autofahrer rast durch das Dorf. Auf einmal hält er und fragt den Dorfdeppen: „Haben sie im Dorf schwarze Kühe?" Die Antwort war Nein! „Haben Sie im Dorf schwarze Pferde?" Wieder die Antwort Nein! „Hatten Sie im Dorf große schwarze Hunde?" Wieder kommt ein Nein als Antwort! „Verdammt jetzt habe ich den Pfarrer tot gefahren!" sagt der Autofahrer.

Der Lehrer frägt, die Schüler: „ Wie nennt man einen unverheirateten Mann?" Fritzchen sagt: „Ledig!" „Wir nennt man einen verheirateten Mann?" frägt der Lehrer die Schüler als Zweites. Fritzchen sagt: „Erledigt!"

Eine Frau trifft sich mit Ihrem Verehrer, und zündet eine Zigarette an, der schimpft dann: „Das ist ja gesundheitsschädlich, bitte hören Sie damit auf!" Sie antwortet, dass sie das nicht schaffe! „Hatten Sie es schon mal probiert!" frägt der Verehrer die rauchende Frau. „Als ich ein Baby bekommen hatte!" antwortete die Dame. „Dann mache ich Ihnen jetzt ein Baby, dass Sie das Rauchen wieder aufhören können!" „Dazu bin ich schon zu alt!" kontert die Raucherin!

Der liebe dreifaltige Gott möchte vereisen! Gott Vater möchte zu den Dinosauriern, die mittlerweile ausgestorben sind. Gott Sohn möchte nach Jerusalem, weil es dort die erste christliche Gemeinde gab. Der Heilige Geist, der wollte nach Rom, denn dort war er noch nie!

Bestimmt gibt es noch mehr Witze, über die Sie lachen könnten! So können Sie auch im Fernsehen lustige Filme anschauen, über die Sie lachen können! Bitte tun Sie dass gezielt, setzen Sie sich Filmen oder Texten aus über die Sie lachen können, wenn es Ihnen schlecht geht! Bestimmt können Sie dort Ihre Lachmuskeln trainieren? Bitte verlieren Sie im Leben Alles, aber niemals Ihren Humor. Das ist eine alte Volksweisheit! Bestimmt haben Sie davon schon mal davon gehört!

Kapitel 23 – Wie soll man nervenkranke Menschen behandeln?

Wie soll man nervenkranke Menschen behandeln, damit sie wieder gesund werden und wieder Freude haben am Leben haben können?

1. Man sollte immer freundlich und nett, zuvorkommend und hilfsbereit zu Ihnen sein, damit sie zu Dir Vertrauen haben können.
2. Wichtig ist ein respektvoller Umgang miteinander, damit man Aggressionen vermeidet und in Frieden miteinander leben kann.
3. Es gilt versteckte Aggressionen in Würde offen zu legen, um den Partner, mir den man es zu tun hat, nicht zu verletzen und sich mit ihm zu versöhnen.
4. Bitte vermeiden Sie Aggressionen im Umgang mit nervenkranken Menschen, denn die gehören wirklich nicht zum gewohnten Umgangston.
5. Schämen Sie sich nicht, wenn jemand nervenkrank ist, denn das könnte jedem Menschen passieren, dass er einmal nervenkrank ist.
6. Beschützen Sie den nervenkranken Menschen, wenn er von anderen Menschen angegriffen wird.
7. Seien Sie stets liebevoll und anständig gegenüber dem nervenkranken Menschen, damit er sich geborgen fühlt.
8. Arbeiten Sie mit ihm gemeinsam, und freuen Sie sich nach gelungener Arbeit!

9. Bitte gehen Sie mit dem nervenkranken Freund aus, etwa ins Kino, zum Essen, zum Baden, zum Tanzen, in die Disko, zum Gottesdienst oder sonstwo hin.

10. Sie könnten aber gemeinsam zuhause etwas kochen.

11. Backen sie zusammen Weihnachtsplätzchen, das wird Ihnen gut tun und sie auf das Weihnachtsfest einstimmen.

12. Wenn er selber Bilder gemalt hat, dann hängen Sie diese in Ihrer Wohnung aus. Das wäre sehr höflich von Ihnen, auch dann wenn es viele sind!

13. Lesen Sie seine Briefe und beantworten Sie diese.

14. Essen Sie das was er gekocht hat oder gebacken hat.

15. Seien Sie ihm gegenüber dankbar.

16. Spielen Sie mit ihm Schach, Monopolie, Dame, Mühle oder Malefitz...

17. Planen Sie und führen Sie gemeinsame Ausflüge und gemeinsamen Urlaub zusammen durch!

18. Wen er den Führerschein hat, dann fahren Sie mit ihm mit, wenn es notwendig ist.

19. Falls er ein Autor ist, dann lesen Sie seine Bücher.

20. Besitzt er einen Garten, dann essen Sie von seinem Anbau im Garten, wenn er Ihnen etwas davon gibt.

21. Hat er etwas für Sie gebastelt, dann nehmen Sie das als Geschenk an.

22. Hat er für Sie gearbeitet, dann bezahlen Sie Ihn fürstlich.

23. Lesen Sie mit ihm gemeinsam Bücher, Zeitungen, oder die Bibel!

24. Vor allen beten Sie für Ihn und mit Ihm!

25. Treiben Sie mit Ihm viel Sport!

26. Üben Sie gemeinsam das Singen, vor allem Weihnachtslieder.

27. Seien Sie bei Ihm und trösten Sie Ihn, wenn er krank ist oder er sterben muß.

28. Verteidigen Sie Ihn, wenn er etwas verbrochen hat!

29. Trötteln Sie nicht mit ihm herum, sondern nützen Sie Ihre Zeit mit Ihm sinnvoll, das ist wichtig.

30. Akzeptieren Sie bitte seine Meinungen!

31. Ergreifen Sie für Ihn Partei, wenn er gemobbt wird oder gestalkt wird.

32. Bringen Sie auf den richtigen Kurs, wenn er den falschen Weg geht!

33. Nützen Sie seine gute Laune!

34. Sparen Sie gemeinsam auf Ihre Ziele!

35. Öffnen Sie neue Wege.

36. Vergessen Sie nicht, was er für Sie alles Gute getan hat, und tun ihm auch Gutes.

37. Meiden Sie seinetwegen Streit mit anderen Menschen.

38. Bitte seien Sie Tierlieb und zeigen Sie ihm dieses!

39. Vergeben Sie immer, wenn er etwas bereut.

40. Begreifen Sie, wenn er in einer heiklen Situation ist.

41. Nehmen Sie Ihm die Beichte ab und bewahren Sie das Beichtgeheimniss!

42. Freuen Sie sich, wenn er nach der Psychiatrie wieder frei ist.

43. Feiern Sie gemeinsam Feste: Weihnachten, Ostern, Pfingsten, Geburtstage und Hochzeiten.
44. Laden Sie ihn öfters ein.
45. Lachen Sie mit Ihm über gute Witze!
46. Lernen Sie mit Ihm gemeinsam?
47. Basteln und werkeln Sie mit Ihm!
48. Erklären Sie ihm etwas, das er nicht versteht!
49. Seien Sie immer ehrlich und anständig mit Ihm!
50. Verbringen Sie zusammen wertvolle Zeit, das wird Ihnen gut tun und viel Freude bereiten!
51. Lassen Sie kein ungutes Haar auf ihm!
52. Nehmen Sie sich für den Kranken immer viel Zeit!

Bitte beachten Sie, dass Sie nicht gegeneinander ausgespielt werden, damit Ihre Freundschaft nicht zu Ende geht! Haben Sie sich immer lieb zusammen! Denken Sie daran, auch Sie könnten einmal nervenkrank werden! Darum bewahren Sie im Umgang mit dem Kranken immer Haltung, das wäre sehr wichtig für das weitere Leben und wichtig für den richtigen Umgang miteinander, denn Sie dürfen nie vergessen taktvoll zu sein und zu bleiben, sonst verletzen Sie sich und Ihren Freund, der nervenkrank ist!

Kapitel 24 – Die Überzüchtung der menschlichen Rasse hat bestimmt wichtige Gründe!

Warum ist die menschliche Rase überzüchtet? Was machen die Menschen in Ihrer Gesellschaft alles falsch?

1. Sie werden seit geraumen Zeiten immer liebloser und herzloser, haben für Ihre eigenen Artgenossen nichts mehr übrig!

2. Schon immer hatten die Menschen Aggressionen und Wutausbrüche untereinander. Früher konnte man nervenkranke Menschen nicht so gut behandeln, darum hatten die Menschen eine Hemmschwelle sich gegenseitig mit Aggressionen zu bekriegen, weil daraus entstehende Nervenkrankheiten nicht behandelt werden konnten. Seid dem man Nervenkrankheiten behandelt, scheinen die Menschen es nicht mehr nötig zu haben aufeinander Rücksicht zu nehmen. Früher gab es keine Zahncreme, darum aß man weniger Süßes!

3. Jeden Luxus haben die Menschen, sogar soviel, dass sie wertvolle Dinge einfach wegschmeißen, statt weiter zu geben.

4. Der Bildungsstand sinkt und die Anforderungen steigen? Wo soll das nur hinführen!

5. Unser Wissen hat sich in kürzester Zeit verdoppelt und unsere Anforderungen haben sich in der selben Zeit vervierfacht.

6. Die Eltern erziehen Ihre Kinder nicht genug! Sie kümmern sich zu wenig um Ihre Kinder! Sie sollten Ihren Kindern öfters etwas beibringen, und sie vor Schaden fernhalten.

7. Früher wurden die Kinder auch mit Dingen konfrontiert, die nicht gut für sie waren, wenn es zum Beispiel Krieg gab und Menschen vor Ihren Augen getötet wurden. Heutzutage kommen die Kinder spielend leicht mit solchen negativen Dingen in Berührung, über das Fernsehen, das Internet, über das Drogenmilieu, oder durch Klassenkameraden, sogar im Erotikbereich werden die Kinder verdorben!

8. Die Kinder unterstehen einem Rangstreit, der sehr leicht zu Mobbing oder Stalking werden kann!

9. Arme Menschen in der dritten Welt haben nichts, wenn sie aber als Asylant nach Deutschland kommen ist alles da, was vorher gefehlt hat: Volle Geschäfte, ein riesiger Autoverkehr, jede Menge Verkehrsregeln, ärztliche Behandlungen und öffentliche Verkehrsmittel usw.! Das kann zu einem Kulturschock führen.

10. Auch gegenüber der Polizei hat die Gewaltbereitschaft und Aggression zu genommen. Genau das selbe erleben auch Rettungskräfte wie Sanitäter oder Feuerwehr!

11. Die organische Behandlung von Nervenkrankheiten hat folgenden Nachteil, sie ist immer von Medikamenten abhängig, ohne diese gibt es keine Heilungen mehr!

12. Natürliche Heilungen bei Nervenkrankheiten sind nichts anderes als unfug, weil die Menschen viel zu böse für so was sind. Im Mittelalter verbrannte man Menschen wegen Hexerei, das war dem lieben himmlischen Vater ein Greuel! Im dritten Reich töte man gezielt Personengruppen, wie die Juden! Juden war damals überall unerwünscht! Genauso war die Homosexualität in Deutschland früher strafbar! Natürliche

Heilungen wie bei der Schizophrenie sind zwar möglich aber von unserer Gesellschaft unerwünscht! Wenn ein Mensch mal einen Fehler gemacht hat, winken die anderen Menschen weg, und verwehren die natürlichen Heilungen.

13. Wer schon mal materielle Not erlitten hat, der ist kuriert von jeder Art Nervenkrankheit!

14. Der Numerus Clausus stört nervenkranke Menschen bei der Heilung! Ein Beruf ist nur sehr schwer zu erlernen!

15. Abtreibungen sind zur Praxis geworden, und genauso schlimm wie Selbstmord. Junge Frauen verlieren dadurch ihr Vertrauen Kinder auf zu ziehen.

16. Behinderte haben wenig Chancen auf einen Berufsabschluß, weil man meint, dass sie damit überfordert sind.

17. Während die Anforderungen immer größer werden, nimmt der Bildungsstand erheblich ab,

18. Viele Menschen leiden unter Bourn Out oder einem Energieenervieren! Das heißt nichts anders, dass weniger Energie da ist, wie Arbeit vorhanden ist! Man versucht dann seine Arbeit schneller zu machen, auf Kosten der Qualität, egal ob es dann murks ist oder nicht? Oft feiert man krank, obwohl man wirklich krank ist. Die Gesellschaft erkennt eine solche Krankheit nicht an. Menschen landen auf der Straße, Familien gehen in die Brüche, Ehen werden geschieden usw.!

19. Menschen können Dein und Mein nicht mehr unterscheiden!

20.   Es gibt sogar Menschen, die Freund und Feind nicht mehr unterscheiden können!

21.   Zum Thema Suizid wollte ich sagen, das es schlimm ist, wenn sich die Guten umbringen und die Bösen übrig bleiben! Wäre es andersrum nicht besser? In einer Welt in der sich die bösen Menschen vermehren, können die guten Menschen kein menschenwürdiges Leben mehr führen.

Im Galaterbrief Kapitel 6 steht folgendes:

1 Brüder, wenn auch ein Mensch von einer Übertretung übereilt würde, so helft ihr, die ihr geistlich seid, einem solchen im Geist der Sanftmut wieder zurecht; und gib dabei acht auf dich selbst, daß du nicht auch versucht wirst! 2 Einer trage des anderen Lasten, und so sollt ihr das Gesetz des Christus erfüllen! 3 Denn wenn jemand meint, etwas zu sein, da er doch nichts ist, so betrügt er sich selbst. 4 Jeder aber prüfe sein eigenes Werk, und dann wird er für sich selbst den Ruhm haben und nicht für einen anderen; 5 denn jeder einzelne wird seine eigene Bürde zu tragen haben.

6 Wer im Wort unterrichtet wird, der gebe dem, der ihn unterrichtet, Anteil an allen Gütern!

7 Irrt euch nicht: Gott läßt sich nicht spotten! Denn was der Mensch sät, das wird er auch ernten. 8 Denn wer auf sein Fleisch sät, der wird vom Fleisch Verderben ernten; wer aber auf den Geist sät, der wird vom Geist ewiges Leben ernten. 9 Laßt uns aber im Gutestun nicht müde werden; denn zu seiner Zeit werden wir auch ernten, wenn wir nicht ermatten. 10 So laßt uns nun, wo wir Gelegenheit haben, an

allen Gutes tun, besonders aber an den Hausgenossen des Glaubens.

Wenn wir in der Bibel lesen entdecken wir viele Stellen wie diese, dort können wir über unsere Überzüchtung nachdenken und diese koriggieren! Schliesslich sind wir alle selber unseres eigenen Glückes Schmied, darum lassen Sie uns der Überzüchtung wirksam entgegen wirken, mit allem zur Kraft stehenden Leben.

Im 1. Timotheusbrief Kapitel 2 steht:

1 So ermahne ich nun, daß man vor allen Dingen Bitten, Gebete, Fürbitten und Danksagungen darbringe für alle Menschen, 2 für Könige und alle, die in hoher Stellung sind, damit wir ein ruhiges und stilles Leben führen können in aller Gottesfurcht und Ehrbarkeit; 3 denn dies ist gut und angenehm vor Gott, unserem Retter, 4 welcher will, daß alle Menschen gerettet werden und zur Erkenntnis der Wahrheit kommen.

5 Denn es ist ein Gott und ein Mittler zwischen Gott und den Menschen, der Mensch Christus Jesus, 6 der sich selbst als Lösegeld für alle gegeben hat. [Das ist] das Zeugnis zur rechten Zeit, 7 für das ich eingesetzt wurde als Verkündiger und Apostel – ich sage die Wahrheit in Christus und lüge nicht –, als Lehrer der Heiden im Glauben und in der Wahrheit.

8 So will ich nun, daß die Männer an jedem Ort beten, indem sie heilige Hände aufheben ohne Zorn und Zweifel.

In anderen Ländern werden Christen verfolgt, darum bitte ich Sie beten auch Sie für die Obrigkeit, damit wir ein wohlgefälliges Leben führen können, in der Kraft des Heiligen Geistes! Bestimmt ist es Gottes Wille, dass wir allen Menschen gutes tun sollen! Nur so können wir der Überzüchtung entgegen wirken.

Kapitel 25 – Was kann man tun, wenn jemand schmollt?

Was kann man gegen eine Schmollsituation tun? Was ist eine Schmollsituation? Welche Folgen hat eine Schmollsituation? Beschreiben Sie was man in einer Schmollsituation nicht mehrt tun kann?

In einer solchen Situation kann der Mensch unter Umständen keine Arbeit mehr verrichten! Manch einer denkt der Schmollende ist zu faul um zu Arbeiten, aber das stimmt nicht, denn der Schmollende ist nicht zu faul, um zu arbeiten, sondern er hat nur keine Energie mehr. Das Schmollen zehrt nur am seelischen Energiehaushalt und raubt dem Schmollenden nur die Energie für Arbeit. Wohl dem der nicht schmollt!

Wenn jemand nicht auf eine Schule geht, der verliert nur den Willen was zu lernen! Wer auf eine Schule geht und dann nicht akzeptiert wird, wenn er etwas lernt, der verliert auch da den Willen was zu lernen!

Wer eine Beschäftigung hat, der kann das auch nicht mehr in die Tat umsetzen! Ein Schmollender hat das Problem seinen Hobbies nicht mehr nachgehen zu können! Er verliert auch dann die Lust dazu.

Wo man singt da laß Dich nieder, den böse Menschen singen keine Lieder! Wer schmollt kann auch keine Lieder mehr singen oder Gedichte aufsagen.

Wenn man sich regenerieren muß, könnte es gut sein, wenn man sich ausruhen kann. Das Ausruhen sollte dem Menschen helfen Energie zu tanken. Wehe dem Menschen, wenn diese Energietankstelle nicht mehr hält, was sie verspricht.

Der Mensch braucht täglich mindestens Acht Stunden Schlaf. Entweder am Stück oder in Etapen! Wichtig ist immer, dass der Schmollende zur Ruhe kommt. Wer zu Unruhig zum Schlafen ist, der sollte zum Arzt gehen. Eine derart intensive Schmollsituation , die den Menschen zu unruhig macht zum Schlafen und auch noch zu Unruhig zum Arbeiten, zum Lesen, zum Fernsehschauen usw., der kann eine lebensbedrohliche Psychose dadurch bekommen, die aber heilsam ist, wenn man sie richtig behandelt.

Täglich spazieren gehen hilft dem nervenkranken Menschen eine Schmollsituation zu überwinden! Gerade ein Spaziergang an die Natur verschafft dem Menschen eine Überwindung. Jeder Mensch muß mal an die frische Luft, auch Leute in der Psychiatrie oder dem Knast!

Treiben Sie viel Sport, wenn es Ihnen möglich ist, dann können Sie dadurch den Schmollzustand überwinden! Schwimmen, Radfahren,

Joggen und Bodybuilding, Leichtatletik und Seilhüpfen sind nur einige, die man da nennen kann.

Wer zuhause einen Fernseher hat, der kann es schaffen eine Form der Selbsthypnose durch zu führen: Um das Rauchen aufzuhören, kann er nach der Tagesschau es sich angewöhnen keine Zigarette mehr zu rauchen, und gleichzeitig die Tagesschau immer früher an zu sehen. Solange bis er frei ist vom Rauchen. Es hilft auch gegen Zwangsgedanken, wenn man einen Film anschaut zum Thema. Wenn man Zwangsgedanken hat, zu lügen, dann könnte man eine Komödie anschauen, in der viel gelogen wird. Wer Zwangsgedanken hat gegen die Heilung nervenkranker Menschen, der sollte einen Film anschauen über nervenkranke Menschen!

Oft hilft es gegen Depressionen, entstanden durch Schmollsituationen, wenn man sich etwas gönnt, zum Beispiel eine Tasse Kaffee, oder ein Bier, eine Flasche Cola, aber bitte keine Zigaretten, denn wer seine Schmollsituation mit Drogen behandelt, der zerstört damit sein Leben.

Bestimmt können gute Witze einem Menschen helfen, wenn man damit seine Sorgen in einer Menge Humor auflösen kann. Jede Schmollsituation kann durch einen passenden Witz aus der Welt geschafft werden.

Beruhigen Sie sich in einer Schmollsituation immer, drehen Sie nicht durch, laufen Sie nicht Ammok! Behalten Sie einen klaren Kopf!

Bestimmt können Sie ein Bild malen, das kann ihnen helfen, eine Schmollsituation zu überwinden. Wer für das Malen eines Bildes keinen Nerv hat, der kann dafür was anderes, wie das Merken von Daten berühmter Leute, wie Musiker, Politiker oder Künstler! Usw.

Essen und trinken hält Leib und Seele zusammen. Wer gut ist und trinkt, kann aus der Schmollsituation spielend leicht wieder heraus kommen. Besonders hilfreich ist das Speisen in einem Lokal. Man kann mit einer Einladung zum Essen den Aggressor bestechen, der für die Schmollsituation verantwortlich ist!

Bestimmt haben Sie schon gehört, wenn jemand viel liest, der reinigt damit seine Seele, und stärkt damit sein Konzentrationsvermögen. Suchen Sie ein Buch, das zu ihrer Schmollsituation passt.

Schreiben Sie an den Menschen, der sie beleidigt hat einen Brief! Äußern Sie sich positiv über ihn und vor allem verzeihen Sie diesem Menschen! Drücken Sie sich höflich und nett aus.

Wer schmollt ist weniger kreativ und etwas mehr aggressiv, das muß nicht immer sein. Seien Sie sich desen bewußt.

Ahmen Sie andere Menschen nach, die ihre Schmollsituationen überwunden haben. Achten Sie auf die richtige Gruppe Menschen, der Sie angehören wollen! Lassen Sie sich nicht immer umpolen, sondern nur wenn es nötig ist.

Denken Sie an Ihre Freiheit! Opfern Sie nicht Ihre Freiheit wegen einer Schmollsituation. Haben Sie sich immer unter Kontrolle! Begehen Sie keine Straftat wegen einer Beleidigung!

Menschen die nervenkrank sind werden immer ausgegrenzt von anderen Menschen, oft schmollen sie deswegen, lassen sich gehen und begehen deswegen Straftaten. Sie werden durch Beleidigungen sehr gefährlich! Muß das wirklich sein!

Ein Mensch der beleidigt wird der bokelt vor sich hin. Oft ist er nicht zu Kompromissen bereit, es kann sich aber hierbei auch um Selbstschutz handeln. Das muß man gründlich prüfen.

Wer beleidigt wurde, der kommt mit anderen Menschen nicht mehr zurecht. Es könnte sein, dass er mit ihnen immer anecken wird, weil niemand mehr sich von seinem Standpunkt weg kommt. Dass ist Gift für die Menschen!

Ein Schmollender Mensch traut sich nichts mehr zu! Oft verliert er dadurch Freunde, einen Job oder anderes, wie seinen Führerschein!

Wer schmollt oder andere verschmollt, auf den kann man sich nicht mehr huntertprozentig verlassen. In einer solchen Situation scheinen die Medikamente in der Psychiatrie zu versagen, sie wirken dann anderst als sie sollen. Wenn ein Mensch sich in einer solchen Situation befindet, kann es sein, dass er genau das tut, was er nicht tun darf, das wäre zutiefst Menschlich. Vielleicht ist er nicht selber Schuld daran, wenn man ihn dazu treibt, das zu tun, das er nicht soll. Nur wenige Menschen können eine solche Situation überwinden. Bitte helfen Sie dort mit, wenn Menschen in einer solchen Situation befindet, denn wer da schmollt oder zum Schmollen bringt, der wird ein großes Problem haben. Wenn die Sache eskaliert, dann werden Polizisten beleidigt, Notärzte werden verbrügelt, Mütter werden vergewaltigt, Politker werden bedroht, Soldaten werden verlacht, Kinder werden sexuell mißbraucht, Christen werden verfolgt und Verbrecher werden belohnt. Wenn es eskaliert steht die normale Welt Kopf und wird polarisiert. Wo soll das nur hinführen?

Kapitel 26 – Was kann man tun bei einem Nervenzusammenbruch? Hatten Sie schon mal einen Nervenzusammenbruch?

In bestimmten Situationen kann der Mensch einen Nervenzusammenbruch erleiden. Was kann man gegen einen Nervenzusammenbruch tun?

1. Wenn es sein muß, dann treten Sie kürzer und schonen Sie sich, das wird Ihnen gut tun! Bestimmt hilft es Ihnen auch sich mehr aufzuerlegen, wenn Sie nicht mehr kürzer treten können, Sie handeln dann in Notwehr!
2. Bitte sprechen Sie sich aus, wenn Sie mit jemanden Streit hatten. Eine Versöhnung hilft da wahre Wunder!
3. Falls Ihnen ein anderer Mensch weh getan hat, dadurch der Nervenzusammenbruch kam, dann verzeihen Sie bitte.
4. Bestimmt hilft Ihnen wenn Sie guten Sex haben können, denn guter Sex heißt auf die Wünsche des Partners einzugehen.
5. Bitte geben Sie dem Betroffenen viel Zuwendung! Das wird dem nervenkranken Menschen bestimmt gut tun.
6. Wer will, der kann auch Relaxen und wer will der kann sich auch regenerieren, das wird Ihm gut tun, wenn er einen Nervenzusammenbruch hatte.
7. Bitte denken Sie auch an Beten, das hilft in einer solchen Situation bestimmt.
8. Interessant wäre auch ein Bibelstudium, das bringt den Menschen weiter.

9. Kreativ sein heißt, dass Sie zu dem Thema ein schönes Bild zu malen.

10. Wer will und kann, der könnte zu dem Thema ein Buch schreiben, vielleicht hilft auch das dem Betroffenen weiter.

11. Ganz wichtig wäre auch, dass Sie Sport treiben, in einer solchen Situation, denn das hilft auch bei einem Nervenzusammenbruch ganz bestimmt. Darum treiben Sie bei einem Nervenzusammenbruch immer viel Sport.

12. Übernehmen Sie Verantwortung, dann könnten Sie es schaffen, einen Nervenzusammenbruch zu überwinden. Passen Sie auf kleine Kinder auf oder passen Sie auf alte Leute auf!

13. Von klein auf braucht der Mensch Geborgenheit, das fängt schon bei einem kleinen Baby an und hört am Sterbebett auf! Ohne Geborgenheit kolabieren irgendwann einmal die Nerven!

14. Wer Lust dazu hat, der kann mal einen Kuchen backen oder Plätzchen!

15. Schön ist es für Sie wenn Sie in dieser Situation etwas leckeres kochen.

16. Wenn es Ihnen möglich ist, dann gehen Sie in eine Tagesstätte für nervenkranke Menschen.

17. Ganz wichtig wäre es, wenn ein nervenkranker Mensch eine Schule besuchen kann und dort was lernt.

18. Bestimmt wird auch eine Massage gut tun, wenn Ihre Nervenkrankheit kolapiert.

19. Schreiben Sie gerne Briefe, wenn Sie es können!

20. Haben Sie Freunde, dann telefonieren Sie bitte mit Ihnen!

21. Wenn Sie jemanden gern haben, dann küssen Sie ihn auf den Mund!
22. Im Fernsehen kommen zu Ihrem Problem bestimmt viele gute Filme!
23. Wer Lust hat, der kann auch ein Buch lesen,
24. Wenn jemand seinen Kummer weg haben will, will, der darf auch ab und zu einen kleinen Schwips haben, aber nicht zu viel.
25. Gehen Sie in einen Gottesdienst!
26. Wenn es Ihnen möglich ist, dann treten Sie in einem Fernsehsender auf, falls es eine Chance dazu gibt!
27. Wer ein Künster ist, der schliesse sich einer Tanzgruppe oder Theatergruppe, einem Musikverein an, das wird Ihnen gut tun!
28. Für ganz bestimmte Leute wäre eine tägliche Schachstunde ganz recht! Mit einem festen Partner können Sie gut Schachspielen!

Bestimmt gibt es noch mehr Leute, die einen Nervenzusammenbruch haben. Für alle Leute gilt, man kann etwas dagegen tun. Bitte vergessen Sie das nicht! Es wäre schön, wenn Sie wieder glücklich sind, und frei werden von Nervenzusammenbrüchen. Vergessen Sie nicht, dass es Ihnen gut tut über solche Probleme die Bibel zu lesen!

Wenn es nicht anderst geht, dann gehen Sie zu einem Arzt, der Ihnen helfen kann! Vergessen Sie nicht, dass es gute oder schlechte Ärzte gibt. Dann wird es Ihnen bald besser gehen! Denken Sie immer daran, helfen Sie sich selbst, dann hilft Ihnen Gott!

Bitte bleiben Sie gesund und munter! Das wäre in einer solchen Situation wichtig. Geben Sie Ihre Hoffnung nicht auf.

Ganz wichtig ist, tanken Sie Kraft! Nur so kann Ihnen geholfen werden!

Kapitel 27 – Welche verschiedenen Nervenkrankheiten gibt es, was bedeutet es eine solche Nervenkrankheit zu haben?

Welche Nervenkrankheiten gibt es? Was versteht man unter einer solchen Nervenkrankheit? (aus der Gelben Liste im Internet)

ADHS = eine Aufmerksamkeitsdefizitstörung und Hyperaktivitätsstörung, zeichnet sich aus durch starke Unaufmerksamkeit und Impulsivität und übermäßige Aktivität, es ist eine der häufigsten Störungen der Kindheit.

Alzheimer = eine Altersbedingte Vergesslichkeit, die bis zu einem gewissen Grad noch normal ist.

Autismus = schwerwiegende Entwicklungsstörung, bisher unbekannter Ursache, der betroffene Patient hat Schwierigkeiten mit anderen Menschen in Kontakt zu treten.

Bipolare Störung = affektive Störung mit abwechselnden Episoden, Manie, Depression und gemischte Erlebnisse.

Borderlinesyndrom = eine Störung der Affektregulation.

Bournout = eine psychische Krise als Reaktion auf Stress und Überlastung, bei der es dem Patienten oft an Energie mangelt.

Chronic-Fatique-Syndrom = Erschöpfungszustände und Abgeschlagenheit durch körperliche und mentale Überlastung.

Demenz = gehört zu den organischen Psychosyndromen, Der Betroffene hat Defizite im kognitiven, emotionalen und sozialen Bereich.

Depression = gedrückte Stimmung, Interesselosigkeit und Antriebsminderung sind die häufigsten Beschwerden.

Dyskalkulie= eine ausgeprägte Störung des mathematischen Denkens.

Epilepsie = krampfhafte Anfälle, die fokal oder generalisierend beginne können.

Insomie = Schlafmangel tritt bei organischen und psychischen Erkrankungen auf, kann auch insbesonders zu einer Nervenkrankheit führen.

Legasthenie = eine Lese- und Rechtschreibschwäche, tritt auch im Zusammenhang mit anderen Nervenkrankheiten auf.

Manie = eine affektive Störung, die sich auszeichnet durch eine übermäßige Stimmung, auch oft unangepasst. Es gibt eine gesteigerte Aktivität und einen gesteigerten Antrieb.

Migräne = Kopfschmerzen, die man medikamentös oder therapeutisch behandeln kann.

PTBS = Postraumatische Belastungsstörung, die eine Reaktion sind auf angsteinflößende Ereignisse. Sie können selbst erlebt sein oder andere Menschen erlebt haben.

Psychosen = es gibt endogene und exogene Psychosen, auch Psychosen des schizophrenen Formenkreises, manisch-depressive Psychosen, Man kann sie organisch behandeln oder Therapien sind möglich. Zu einer ärztlichen Behandlung gehört auch die Bereitschaft, sich selber erfolgreich zu behandeln.

Schizophrenie = Eine psychische Erkrankung mit Störungen der Wahrnehmung, des Denkens, der Persönlichkeitsgrenzen, des Affekts und der Psychomotorik.

Schwindel = Man fühlt sich wie in einem Karusell, kann auch durch Alkoholkonsum entstehen.

Paranoia = eine Persönlichkeit, die seine realen Fähigkeiten nicht richtig einschätzen kann, man traut sich Dinge zu, die nicht der Realität entsprechen, zum Beispiel dass man ein Milliadär ist, obwohl es nicht stimmt.

Abhänigkeitserkrankungen = Menschen versuchen oft bestehende Probleme und gesundheitliche und nervliche Beschwerden selber zu behandeln mit Alkohol, Zigaretten und sogar mit Drogen. Dies kann zu einem Suchtverhalten führen.

Ängste und Phobien = Sie sind ein biologisches Erbe, mit dem Ziel uns vor Gefahren zu schützen. In übersteigerter Form sind sie krankhaft.

Magersucht, Bulimie = Essstörungen, die Menschen ernähren sich nicht ausreichend oder übermäßig und erbrechen oft das Gegessene wieder aus. Im Extremfall kann eine magersüchtige Person auch verhungern, obwohl genügend Nahrung vorhanden ist. Menschen mit Ernährungsproblemen leiden oft auch unter Fettleibigkeit. (Binge Eating)

Zwangsgedanken = haben das Ziel vor Gefahren zu schützen, indem man sich auf ein bestimmtes Verhalten versteift. Das kann auch zu ernsten psychischen Problemen führen.

Komplexe = Verhaltensmuster, die auf seelische Kontakte entstehen, wenn man in Gefahr ist, belohnt oder bestraft wird. Man hat bestimmte Ereignisse, die den Menschen prägen.

Amnesie = Es gibt verschieden Formen, die man als Amnesie bezeichnen kann, zum Beispiel die infantille Amnesie, oder die Globale Amnesie, oder die themporäre Amnesie. Sie kann sehr nützlich sein, wenn man was vergessen will, aber auch sehr schadhaft, wenn man dann unter Numerus Clausus leidet. Bestimmt gibt es noch weitere Nervenkrankheiten!

Kapitel 28 – Wie kann man seinen inneren Schweinehund überwinden?

Wie kann man seinen inneren Schweinehund überwinden? Haben Sie es schon mal geschafft, Ihren inneren Schweinehund zu überwinden?

Wer seinen inneren Schweinehund überwinden will, der sollte bei Zeiten ins Bett gehen und schlafen. Denn wenn der Mensch viel träumt, hat er am nächsten Morgen wieder ganz viel Energie zur Verfügung, das gibt dem Menschen Kraft, die er dann in die Tat umsetzen kann!

Wer morgens aufwacht, der sollte am nächsten Tag so schnell er kann aus dem Bett gehen, damit er genügend Kraft hat seinen innneren Schweinehund zu überwinden. Wer ewig braucht bis er aus dem Bett kommt, der verliert dabei wertvollle Energie!

Frühstücken Sie gut und abwechslungsreich, das lässt den Tag schon richtig beginnen. Hören Sie erst auf zu Essen, wenn Sie satt sind. Wer hungrig vom Frühstückstisch weg geht, der verliert dabei wertvolle Energie, und wird dadurch aggressiv. Zum Frühstücken eignen sich Marmeladenbrote, Frühstückseier, Müsslie, Obst und Milch, Kaffee und Tee, Dampfkartoffeln (am besten in der Mikrowelle) und Spiegelei mit Speck, Kuchen, Haferflocken mit Milch, Süße Stücke vom Bäcker, Wurstbrote und Käsebrote, usw.!

Alles was zur Morgenrutine gehört verbessert die Psyche, Duschen, Rassieren und Zähneputzen, Haare waschen, morgentlicher Toilettenbesuch, anziehen der Tageskleidung!

Fassen Sie gute Vorsätze für den kommenden Tag: Welche Arbeiten liegen an? Welche Erledigungen liegen an? Was kann man heute alles erreichen? Was und wo würde man Essen? Was tut man nach dem Feierabend? Das muß alles in einem Tagebuch geführt werden, damit der innere Schweinehund besiegt wird!

Bestimmt können Sie sich ein Beispiel nehmen, wenn jemand anderes fleißiger ist als Sie! Das kann in der Familie sein, oder im Betrieb, in der Schule, im Verein, oder in der Freizeit! Schauen Sie immer, dass Sie auch so fleißig sind wie der andere!

Helfen Sie anderen aus der Patsche, das wird Sie motivieren, auch aus dem inneren Schweinehund heraus zu kommen! Denken Sie daran, wenn Sie helfen, dann wird man Sie akzeptieren, damit man Sie ertragen kann, wie Sie sind!

Wer an der Arbeit keine Freude hat, der schafft es niemals, dass er seinen inneren Schweinehund überwindet! Wer nicht arbeitet der soll auch nicht essen! Wer gerne ißt, der hat immer seine Freude an der Arbeit! Fangen Sie gleich an, wenn Sie arbeiten wollen. Und lassen Sie sich nicht von der Arbeit abhalten, indem man Sie nicht braucht. Arbeiten Sie immer mit soviel Energie, wie Sie arbeiten. Wer mehr

Energie hat, der arbeitet mehr; wer weniger Energie hat, der arbeitet weniger. Gehen Sie mit gutem Beispiel voran!

Wer einem Arbeiter keine Pause vergönnt, der macht damit jeden Arbeiter kaputt. Jeder Arbeiter braucht ab und zu ein Päuschen, sonst kann er nicht weiter machen!

Belohnen Sie sich nach Feierabend, für den geleisteten Arbeitstag, indem Sie was unternehmen: Kino, Essengehen, Sport treiben, Saunabesuch (Bitte regelmäßig oder gar nicht, sonst werden Sie krank) und zuhause kochen oder es sich gemütlich machen!

Bitte haben Sie das perfekte Timing: Während der Busfahrt etwas interessantes lesen? Beim Kochen schalten Sie die Vorlesefunktion des Tablets ein, mit der App Ihrer Heimatzeitung! Hören Sie beim Joggen Musik von Ihrem MP 3 Player. Machen Sie Ihre Arbeit in der richtigen Reihenfolge, damit keine Leerzeiten entstehen?

Muten Sie sich nicht zu viel zu und nicht zu wenig, aber immer so viel wie Sie können, dann bleiben Sie immer am Ball; so können Sie Ihren inneren Schweinehund überwinden!

Nutzen Sie Ihre Zeit an der Arbeit sinnvoll aus: Kehren Sie das Wohnzimmer und bei der Gelegenheit kehren Sie gleich hinter dem Sofa! Wenn Sie die Fensterputzen, dann waschen Sie gleich die Gardinen mit! Während der Kuchen im Backofen ist, spülen Sie das

Backgeschirr! Wenn Sie die Bilder abstauben, kehren Sie auch die Wand hinter dem Bild ab!

Verwerfen Sie nicht Ihre Pläne, die Sie sich gemacht haben. Lassen Sie Ihrem Schicksal freien Lauf, wenn es in rechten Bahnen kommt, wenn ein Baby unterwegs ist, wenn Sie Ihren Traumjob bekommen, wenn Sie heiraten, oder ein Haus bauen, einen Urlaub machen, wenn Sie eine fremde Sprache lernen wollen, wenn Sie sich bilden wollen!

Viel Spaß beim Überwinden Ihres inneren Schweinehundes, den Sie hoffentlich bald nicht mehr haben werden, wenn Sie es in Ihrem Leben zu etwas machen! Danken Sie Gott dafür!

Ein guter Rat zuletzt: „Bitte begeben Sie sich nicht in Interessenskonflikte, denn das schadet Ihrer kranken Psyche. Bitte meiden Sie solche Konflikte mit Ihrem Köpfchen, denn es ist besser solchen Konflikten aus dem Weg zu gehen, als sich solchen Konflikten auszusetzen!"

Können Sie Ihren inneren Schweinehund überwinden?

Dann nehmen Sie sich ein Vorbild!